길을 잃고 있었는지도 몰랐던 내게 길 잃음의 자각을 주고 믿음의 방향성을 찾아 준 책이다. 이 책은 하나님과의 허니문이 끝난 후 왜 내게 더 이상 기쁨과 만족이 없었는지를 알려 주었다. 더 나아가 내 안의 우상과 적나라하게 맞닥뜨리게 해 주었으며, 진정한 복음 안에서 해결책을 찾을 수 있도록 제시해 주었다.

_ 윤희정, 일러스트작가

자신이 길을 잃었다고 생각하는 사람만이 길 찾을 필요성을 느낀다. 이 책은 우리로 하여금 길을 잃게 하는 다양한 우상을 보여 줌과 동시에, 그 뿌리 깊은 우상을 제거하기 위한 방법은 오직 하나, 그리스도의 복음임을 보여 주었다. 인생의 올바른 길을 찾는 모든 이에게 이 책을 추천한다.

_ 김주연, 영어강사

신학생조차도 복음을 기독교의 입문 정도로만 생각할 수 있다. 나 또한 과거에는 그랬다. 그러나 이 책은 복음이 신앙생활의 시작일 뿐만 아니라 신앙생활 전체를 아우르는 원리와 능력이 된다는 것을 말해 준다. 복음으로 시작했지만 길을 잃어버려 다시 복음으로 돌아오는 길을 알고 싶다면, 계속해서 복음의 길을 걷고 싶다면 이 책은 좋은 안내자가 되어 줄 것이다.

_ 김우영, 목사

복음에게
길을 묻다

\* 일러두기

_ 이 책은 『길 잃음과 길 찾음』(TnD북스)의 리뉴얼판입니다.

# 복음에게
# 길을 묻다

유재혁

카비넌트북스

# 차례 *Contents*

# 회복을 바라며

사람들은 종종 삶을 길에 비유한다. 예를 들어, 성공의 길이 있는가 하면 실패의 길이 있으며, 바른 길도 있고 그른 길도 있다. 잠언에는 길에 관한 이런 말씀이 있다. "어떤 길은 사람이 보기에 바르나 필경은 사망의 길이니라"(잠 14:12). 어떤 길로 가느냐에 따라 살 수도 있고 죽을 수도 있다는 뜻이다. 그만큼 인생에서 제대로 된 길을 찾는 일은 중요하다. 특히 천국으로 가는 길을 찾는 일은 영원을 좌우하는 문제며, 그 어떤 것에도 비할 수 없이 중요한 일이다.

예수님은 자신이 천국에 이르도록 이끄는 생명의 길이라고 말씀하셨다. "내가 곧 길이요 진리요 생명이니 나로 말미암지 않고는 아버지께로 올 자가 없느니라"(요 14:6). 하지만 불행하게도 교회 안에는 진리의 한 길만 존재하지 않는다. 신앙생활의 다양한 길이 존재한다.

율법적, 기복적 길뿐 아니라 정치적, 사회적 성향에 따른 길들도 존재한다. 정신을 똑바로 차리지 않으면 어느 길이 옳은 길인지 분별하기 쉽지 않은 것이 현실이다. 진리의 길은 하나뿐인데, 그 하나뿐인 길은 어떤 길이며 또 어떻게 찾을 수 있을까? 신앙인이라면 분명 고민해야 할 문제다.

교회 안에는 크게 두 부류의 길 잃은 사람이 있다. 첫째 부류는 자신이 길을 잃고 있음을 어렴풋하게라도 인식하는 사람이다. 이런 사람은 진리의 바른 길을 가고 싶지만 길을 잃고 헤맨다. 신앙생활을 하지만 자신이 바른 길을 가고 있다는 확신을 갖지 못하고, 누군가의 도움이 필요하지만 도움의 손길을 찾지 못한 상태에 놓여 있다. 둘째 부류는 잘못된 길을 가고 있으면서도 자신이 가는 길이 잘못된 길이라는 사실을 모르는 사람이다. 그는 오히려 그 잘못된 길을 옳다고 믿으면서 열심히 간다. 이러한 사람은 어쩌면 첫째 부류보다 위험하다. 예수님은 이런 사람이 아주 많을 거라고 말씀하셨다.

> 나더러 주여 주여 하는 자마다 다 천국에 들어갈 것이 아니요 다만 하늘에 계신 내 아버지의 뜻대로 행하는 자라야 들어가리라. 그 날에 많은 사람이 나더러 이르되 주여 주여 우리가 주의 이름으로 선지자 노릇 하며 주의 이름으로 귀신을 쫓아 내며 주의 이름으로 많은 권능을 행하지 아니하였나이까 하리니 그 때에 내가 그들에게 밝히 말하되 내가 너희를 도무지 알지 못하니 불법을 행하는 자들아 내게서 떠나가라 하리라. (마 7:21-23)

열심히 신앙생활을 하지만 생명의 길이 아니라 사망의 길로 달려갈 사람이 많을 것임을 암시하시는 무시무시한 말씀이다. 이들은 어떤 사람이기에 스스로는 그토록 확신에 차서 잘못된 길을 열심히 갔을까?

지금 내가 가고 있는 신앙생활의 길이 올바른 길이지 아닌지 어떻게 알 수 있을까? 심지어 구원을 받았더라도 올바른 길에서 이탈할 수 있으며, 그 결과는 자유와 평강이 아니라 속박과 정죄일 수 있다. 당신은 예수 그리스도를 따라가는 생명의 길이 어떤 길인지 설명할 수 있는가? 누군가가 이렇게 말했다. "자신이 설명할 수 없는 진리는 자신이 진정으로 믿는 진리가 아니다." 예를 들어 우리가 누군가를 사랑한다면 그 대상에 관해 나름대로 설명할 수 있을 것이다. 어떻게 생겼는지, 성격은 어떤지, 목소리와 말투는 어떤지 등을. 하물며 구원으로 인도하는 진리를 설명할 줄 아는 것은 크리스천에게 너무나 당연한 일일 텐데, 이 당연한 일이 전혀 당연하지 않은 것이 오늘날 교회의 현실이다.

물론 지금 당장 자신이 가고 있는 신앙의 길을 제대로 설명할 수 없다고 낙심할 필요는 없다. 중요한 것은 진리의 길을 제대로 찾는 일이다. 이 책은 진리의 길인 복음에게 길을 묻고 바른 길을 찾기 위해 쓴 것이다. 말씀의 등불을 의지하면서 복음의 진리가 인도하는 길을 찾기 위한 책이다. 하나님을 알아가고 하나님께 나아가는 길에는 반드시 두 가지가 필요하다. 올바른 지식과 올바른 관계다. 올바른 지식이 없이는 올바른 관계를 맺을 수 없다. 반대로 올바른 관계가 맺어지지 않는 이유는 올바른 지식이 없거나 부족하기 때문이다. 하나님을 아는 지식이란 말씀의 내용을 논리적으로 깨닫는 것을 의미한다. 사실 우리나라 사람들은 관계적인 면은 강한 편이지만 논리적인 면은 상대적으로 약한 편이다. 따라서 강한 면은 지키고 약한 면은 보충하면 좋을 것이다.

올바른 길을 가려면 올바른 대상에게 올바른 길을 물어야 한다. 기독교의 핵심 진리가 복음이니, 복음에게 길을 물어야 한다. 이 책은 그 진리를 찾아 나서는 길로 당신을 초대할 것이다.

2024년 5월 15일
유재혁

# 1.

## 길 잃은 우리의 현실

## 씁쓸한 신앙생활

수많은 교회와 그 교회에 다니는 수많은 사람이 있다. 하지만 그들 중 상당수는 신앙생활의 참 모습이 무엇인지 잘 모르는 채 "신앙의 삶"을 살아간다. 그래도 신앙생활이 중요하다는 것은 알아서 열심을 내는 사람들이 제법 있다. 혹은 잘 몰라서 적당히 해나가려는 사람들도 있다.

이런 애매모호하거나 미지근한 상태가 성경이 가르치고 하나님이 원하시는 신앙생활의 모습일까? 성경적이고 이상적인 신앙생활은 과연 존재하는 걸까? 존재한다면 어떤 모습일까? 크리스천이라면 누구나 한 번쯤 고민해 보았을 만한 질문이다. 답을 찾기 위해 스스로에게 물어 보고, 성경도 읽어 보고, 주위 사람들의 가르침을 구하기도 한다. 그러다 지치기도 하고, 잘못된 길로 빠지면 어쩌나 하는 생각에 적당히 선을 긋고 포기해 버린 상태로 살아가기도 한다. 지나친 확신에 찬 사람들의 대다수가 이단이라는 현실에 오히려 미지근하고 적당히 게으른 신앙생활을 택하는 경우도 꽤 있다.

몇 해 전, 예배를 마치고 청년들과 이런저런 이야기를 나누던 중 20대 초반의 한 자매로부터 질문을 받았다. "목사님, 신앙생활의 올바른 길이 뭐예요? 도대체 어떻게 하는 게 참다운 신앙생활이에요?" 씁쓸함이 배어 있는 자매의 말투에서 나는 직감적으로 느꼈다. 그냥 한번 던져 본 질문이 아니었다. 교회에서 가르치는 대로 이것저것 다 해 본 뒤에도 답을 찾지 못한 젊은 영혼의 항변이 그 속에 담겨 있었다.

하나님 도대체 저더러 뭘 어떻게 하라는 건가요? 예배에 빠지지 않고, 시간이 날 때마다 기도회도 나가고, 성경도 읽고 봉사도 열심히 하는데, 여전히 제가 어디를 향해 가고 있는지 알 수가 없어요. 그렇다고 제가 제대로 된 신앙생활을 하고 있다는 확신이 있는 것도 아니에요. 그래서 더 어떻게 해야 할지 모르겠어요.

그날 자매의 질문에서 수년 전 나의 모습을 보게 되었다. "내가 예수님 믿게 된 것도 알겠고 나중에 천국에 가는 것도 믿겠는데, 지금 나더러 어떻게 하라는 겁니까?"

## 지식 없는 열심

간증집은 때때로 신앙생활을 열심히 그리고 성공적으로 하려는 사람들의 갈망에 작은 기폭제가 되기도 한다. 다른 사람들의 간증에 담긴 스릴과 확신을 공유하면서 자신도 그러한 역동성과 확신에 찬 신앙생활을 해 보고 싶다는 생각에 이런 책들을 읽곤 한다. 하지만 이들의 이야기는 대단히 극적이고 주관적이어서 도움이 되기보다 혼란만 가중시킬 때가 많다. 이들이 살아온 방식을 흉내도 내 보지만 비슷한 결과가 나오지 않기 때문이다.

모두 그렇다고 말하기는 어렵지만 대부분의 간증집이 소개하는 내용은 성경적이기보다 주관적이거나 심한 경우 자아도취적이다. 자신과 하나님의 각별한 관계나 특별한 체험을 나누려는 책들은 때로 위험하기까지 하다. 이야기가 지나치게 자기중심적이고 주관적이어서 그 속에서 하나님을 만나기보다는 하나님 앞에 특별해지려는 인간의 자아도취적 착각이 넘쳐난다. "나처럼 유별나게 하면 특별하게 하나님을 체험할 수 있다"는 식의 이야기는 오히려 하나님을 향한 올바른 길을 왜곡하기도 한다.

성령집회에서 일어나는 신비로운 체험을 쫓아다니는 사람들도 있다. 이들은 예언이나 꿈을 통한 계시를 받게 된다면 좀 더 확신을 가지고 신앙생활을 할 수 있지 않을까 하는 기대로 집회나 동영상을 기웃거린다. 그러나 이 또한 위험한 시도다. 마찬가지로 말씀의 진리보다는 성령의 역사라는 미명 아래 근거 없는 신비주의에 빠지기 쉽기 때문이다. 그래서 말씀에 사로잡히기보다 성령을 빙자하여 근거 없이 떠들어 대는 거짓 선생들의 음성에 좌지우지되다가 결국에는 영혼과 마음에 병을 얻어 혼돈스러운 상태가 되거나 신앙생활 자체를 아예 놓치는 사람들도 주변에 많다.

요즘은 이단이 극성을 부리고 실제로 이들에게 넘어가는 사람들이 많다 보니, 교회도 "이단 출입금지"라는 문구를 써 붙일 정도로 상당히 경계를 한다. 교회에 다니는 사람들이 왜 이단으로 넘어가는 것일까? 여러 가지 이유가 있겠지만, 그중 가장 두드러진 이유는 기성 교회에서 애매하게 신앙생활을 하던 사람들이 이단들의 확신 넘치는 가르침에 솔깃하여 넘어가기 때문이다. 거짓 가르침일지라도 기성 교회가 제시하지 못하는 뚜렷함에 사람들이 하나둘 빠져드는 상황이다. 따라서 이단의 출입을 막는 것도 중요하지만 더 중요한 것은 교회 안에 있는 사람들에게 신앙생활의 확실한 방향성을 가르치는 것이다. 교회는 성경을 통해 하나님이 디자인하시고 원하시는 신앙생활의 올바른 길이 무엇인지를 보여 주어야 한다. 무조건 열심히 하라고 해서 될 문제가 아니다. 잘못된 길을 열심히 가르치고 순종하는 것보다 비극적인 일은 없다.

**만일 맹인이 맹인을 인도하면 둘이 다 구덩이에 빠지리라.** (마 15:14b)

우리 주위에는 신앙생활을 열심히 하지만 잘못된 길을 가는 사람이 적지 않다. 자신이 가는 길이 옳은 길인지에 대한 의문도 없이 그저 지도자가 가르치고 시키는 일을 열심히 하는 게 최선이라고 생각하도록 길들여진 것이다. 이때까지 습관처럼 해온 신앙생활의 모습을 그대로 답습하려는 열심과 충성의 문제는 무엇일까? 열심히만 하면 하나님 앞에서 잘했다고 칭찬받을 수 있을까? 혹시 잘못된 길을 열심히 가고 있는 것은 아닐까?

예를 하나 들어보자. 한 마을의 농장주가 수확을 앞두고 고구마밭에서 수확할 일꾼을 뽑았다. 여러 지원자 중 정말 열심히 하겠다는 적극적인 젊은이가 마음에 들어서 그에게 일을 맡겼다. 저녁때가 되어 밭에 나간 주인은 너무 기가 막혀서 할 말을 잃고 말았다. 하루 종일 밭에서 일한 젊은이가 고구마는 캐지 않고 열심히 줄기를 잘라서 모으고 밭을 망쳐 놓은 것이다. 줄기를 모두 잘라 버렸으니 어디에 고구마가 묻혔는지 알 수 없을 정도였다. 젊은이는 일당은커녕 밭주인에게 혼만 나고 쫓겨났다.

열심은 있으나 올바른 지식이 없어 오히려 하나님의 밭을 망치는 신앙생활을 하고 있다면, 하나님이 얼마나 기가 막히실까? 호세아 4장 6절은 "내 백성이 지식이 없으므로 망하는도다"라고 하였다. 올바른 지식이 없는 열심은 잘못된 길로 달려가는 결과를 초래할 수 있기 때문에 무조건 열심히 하는 것보다 올바른 지식을 가지고 열심을 내는 것이 중요하다. 따라서 열심 없는 신앙생활도 문제이지만, 지식이 없는 열심은 때로 더 위험하다. 지식이 없는 열심은 누군가에게 옳은 길로 보일지 몰라도 결국에는 패망에 이르는 길이니(잠 14:12), 반드시 진리를 아는 지식과 열정이 조화를 이루는 신앙생활을 해야 한다.

## 건강한 교회

최근 들어 "건강한 교회"라는 표어가 환영을 받는 추세다. 소위 "건강한 교회"의 지도자들은 일부 부패한 교회의 지도자들보다 상대적으로 도덕적이고 청렴하다. 교회의 운영도 합리적이고 투명하게 한다. 사회적으로도 모범적인 모습을 보이려고 애쓰고 조심하기 때문에, 기존 교회들의 부패와 아집에 식상한 사람들의 마음을 상당히 끈다. 하지만 건강하고 도덕적인 교회의 모습이 신앙생활의 전부이거나 핵심은 아니다.

　교회 운영상의 건전함과 건강함을 추구하는 것은 좋은 일이지만, 이것을 올바른 신앙생활의 핵심이라고 여기는 것은 아주 위험한 생각이다. 짧게 말해, 도덕의 길이 신앙의 길은 아니다. 왜냐하면 신앙생활의 올바른 길은 세상이 절대로 따라 하거나 흉내 낼 수 없는 길이기 때문이다. 지도자가 도덕적이거나 조직을 투명하게 운영하는 것 또는 사회적으로 모범이 되는 것은 세상의 조직들도 얼마든 할 수 있다. 하지만 신앙생활의 핵심과 그 길은 세상이 절대 따라 할 수 없는 그 무엇이다. 바로 이 점이 건강함을 추구하는 교회들이 조심해야 할 부분이다.

또한 시대마다 유행하는 기독교 트렌드가 있다. 열린예배, 찬양예배, 특별새벽기도, 제자훈련, 소그룹, 가정교회 등 모두 훌륭한 프로그램이다. 그러나 이 중 어느 것도 신앙생활의 핵심은 아니다. 진정한 핵심은 시대에 따라 변하는 것이 아니기 때문이다. 그렇다면 신앙생활의 진정한 핵심은 무엇이고 올바른 길은 어떤 것일까? 우리가 뚜렷이 알 수 있는 길일까? 신앙생활의 혼돈이라는 안개는 걷힐 수 있는 것일까? 질문의 대답은 물론 "그렇다"이다. 아니 그래야 한다. 하나님이 친히 올바른 신앙의 길을 말씀하시기 때문이다. 더 나아가 하나님은 그분의 자녀들이 길 잃은 상태에서 헤매거나 아파하기를 원하시지 않는다.

> 너희 중에 어떤 사람이 양 백 마리가 있는데 그 중의 하나를 잃으면 아흔아홉 마리를 들에 두고 그 잃은 것을 찾아내기까지 찾아다니지 아니하겠느냐. 또 찾아낸즉 즐거워 어깨에 메고 집에 와서 그 벗과 이웃을 불러 모으고 말하되 나와 함께 즐기자 나의 잃은 양을 찾아내었노라 하리라. (눅 15:4-6)

이제는 올바른 길을 찾아 나서야 한다. 더 이상 부패한 상황이나 잘못된 길로 인도하는 지도자들을 탓하느라 시간과 에너지를 낭비하지 말아야 한다. 이것은 누군가가 대신해 줄 수 있는 것이 아니다. 우리 각자가 정신을 가다듬고 말씀의 진리를 통해 다시 신앙생활의 올바른 길을 발견하고 나아가야 한다. 성도 각자가 깨우치고 자신의 믿음의 실체와 목자 되시는 주님을 알아야 한다. 그리고 돌아가야 한다. 우리를 간절히 기다리시는 목자 되시는 주님께로. 그래야 참다운 하나님의 자녀로서의 삶을 회복할 수 있다.

# 2.

## 전통적인 길 잃음의 모습들

잃은 양 같이 내가 방황하오니 주의 종을 찾으소서. (시 119:176a)

길 잃는 것에 관한 한 크리스천만큼이나 탁월한 재주를 지닌 사람도 없을 것이다. 오죽했으면 하나님이 틈만 나면 길을 잃고 헤매는 양에 크리스천을 비유하시겠는가(사 53장). 교회 안에는 예수 그리스도와 십자가를 바라보지 않고 자신의 종교적 열심이나 인간적인 생각과 판단을 기준으로 신앙생활을 하는 소위 길 잃은 양들이 의외로 많다. 신앙의 여정 가운데 길을 잃고 헤매다가 마음과 영혼이 메마르고 또 몸이 지쳐서 감당하기 어려운 상처를 입게 되는 양들도 꽤 있다.

물론 우리 스스로 길을 잃기도 한다. 하지만 우리로 하여금 길을 잃도록 유혹하고 괴롭히는 영적 존재들이 있다는 사실을 간과해서는 안 된다. 그래서 우리는 사탄과 그의 추종자 마귀들의 존재와 그들의 악한 속임수를 분별할 수 있어야 한다. 사탄은 매우 교활하고 영리해서 우리가 잘못된 길에 들어서고 있다는 사실 자체를 눈치 챌 수 없도록 교묘하게 유도한다.

다행히도 길을 잃은 상태가 되면 그 신호들이 나타난다. 가장 두드러지고 일반적인 증상은 심리적 불안정이다. 평강과 안정 상태를 벗어나 걱정, 불안, 분노, 때로는 무관심의 영적 늪에 빠진다. 이러한 상황에서 대부분 어떻게 해야 이 부정적인 감정 상태를 벗어날 수 있을지 고민하고 그 해결책을 찾으려 애쓴다. 예를 들어, 특별새벽기도회에 나가거나 영성수련회와 찬양집회 등을 찾아다니며 잃어버린 신앙의 열정을 회복하려고 노력한다. 하지만 이러한 노력은 지속적인 효과보다 일시적인 도움에 그치는 경우가 많다.

여전히 덫에 걸려 있으면서 잠시 기분이 좋아지는 것으로 상황이 변하지는 않기 때문이다. 마치 암 환자에게 모르핀을 주사해서 일시적으로 고통을 느끼지 못하도록 해 주는 것처럼 말이다. 따라서 우리는 단순히 감정이나 기분상의 탈출을 시도할 것이 아니라 근본적으로 자신이 빠진 덫의 실체를 알아내고 그로부터 벗어나 우리의 진정한 목자 되시며 유일한 길이신 주님께 돌아가야 한다. 그러므로 가장 먼저 해야 할 일은 진리의 말씀을 통한 분별력을 가지고 내가 지금 어떤 종류의 덫에 걸려 있는지 아는 것이다. 우리의 영을 옭아매고 불안한 상태로 만드는 덫에는 여러 종류가 있지만, 그중 가장 보편적이고 일반적인 율법주의 삶을 그리고 유혹과 죄를 좇는 방임주의 삶을 먼저 살펴보자.

> 그리스도께서 좌우편 강도들 사이의 십자가에서 못 박혀 죽으셨듯이, 이
> 복음에 의하여만 의로워진다는 진리도 두 가지의 반대되는 오류들 사이에
> 서 있다. 한편에는 율법주의가, 그 반대편에는 방임주의가 있다. 하지만 복
> 음은 율법주의가 아니며 물론 방임주의도 아니다. 복음은 전혀 다른 제3의
> 길, 즉 은혜의 길이다. _ 테르툴리아누스

## 율법주의 삶: 하나님의 인정과 축복을 얻고 벌을 피하려는 노력

> 내가 증언하노니 그들이 하나님께 열심이 있으나 올바른 지식을 따른 것이 아
> 니니라. 하나님의 의를 모르고 자기 의를 세우려고 힘써 하나님의 의에 복종하
> 지 아니하였느니라. (롬 10:2-3)

수진 씨는 남편과 두 아이를 둔 평범한 가정주부입니다. 결혼 후 지방 중
소도시에 정착해 동네의 한 교회에 등록을 했습니다. 신앙생활에 별 열
성이 없어 보이는 남편과 달리, 어려서부터 신앙생활이 몸에 밴 수진 씨
는 새로 등록한 교회에서도 각종 모임에 열심을 내며 꾸준히 참석하고
있습니다.

그런데 얼마 지나지 않아 누군가로부터 자신의 신앙생활이 감시를 받고 평가를 당하고 있다는 생각이 들기 시작했습니다. 담당구역 장로님은 수진 씨가 언제 교회에 나왔는지, 어느 모임에 불참했는지, 또 금요일 저녁기도모임에는 참석을 했는지 등을 수시로 언급하면서 은근히 더 충실하게 모임에 참석하도록 강요하는 분위기를 만들었습니다. 또 매주 주보에 헌금자 명단이 올라오다 보니, 이런저런 모양으로 수진 씨의 신앙생활은 사람들의 레이더를 벗어날 수가 없었습니다.

교인으로서의 의무를 다하는 것이 하나님의 축복을 받는 길이며 하나님 앞에 바로 서는 길이라는 설교가 매주 주일설교의 대부분을 차지했습니다. 그리고 여러 가지 성도의 의무를 충실히 지킴으로써 개인과 교회가 복을 받아야 한다는 가르침이 아주 지배적이었습니다.

수진 씨도 처음에 이러한 가르침과 분위기에 적응해 보려고 했습니다. 하지만 시간이 갈수록 하나님을 믿는 기쁨과 감사는커녕 교회에 나가는 것 자체가 점점 부담스러워지기만 했습니다. 한편으로는 벗어나고 싶었지만, 그렇게 하면 하나님이 못마땅하게 여기셔서 나쁜 일이 생길까 싶은 두려운 마음에 이러지도 저러지도 못하는 가슴 답답하고 불안한 신앙생활을 지속하게 되었습니다. 과연 이것이 진정한 신앙생활인지에 대한 의구심이 들 때도 있었지만, 열심히 충성하고 봉사하는 자들을 하나님이 더 사랑하고 축복하신다는 것이 당연하다는 논리를 벗어날 길이 없었습니다.

그러는 사이 수진 씨의 영혼은 메말라 갔습니다. 게다가 자신의 이러한 상태를 누군가에게 털어놓는다는 것도 불가능하게 느껴졌습니다. 남들이 나를 어떻게 생각할까 걱정이 되기도 했고, 더 깊은 고민은 누군가에게 솔직히 털어놓는다고 해서 뾰족한 해결책이 있어 보이지 않는다는 것이었습니다. 물론 그러는 동안 하나님과의 사이는 멀어져만 갔습니다.

### 율법주의란?

율법주의는 아마도 기독교 역사상 가장 일반적이면서 보편적인 반복음주의 가르침 중 하나일 것이다. 앞에서도 언급했듯이, 율법주의란 나의 종교적이고 도덕적인 열심을 통해 하나님의 축복을 얻고 벌을 피하려는 인간의 본능적인 노력이다. 심은 대로 거둔다는 논리가 신앙생활에 그대로 들어와서, 내가 노력한 대로 하나님이 갚아주실 것이라는 생각이 자신의 노력과 봉사의 주된 동기가 된 것이다. 이러한 생각은 인간의 일반적인 논리와 관습에 딱 들어맞기 때문에 누구라도 쉽게 빠져드는 덫이다.

또한 율법주의는 종교지도자들이 자신의 개인적인 야망을 이루는 데 가장 자주 애용하고 효과적인 결과를 거두는 수단이기도 하다. 율법주의를 통해 사람들에게 종교적 우월감을 부추기거나 하나님에 대한 두려움을 심어 주면 대게 말을 잘 듣고 따라가기 마련이다. 물론 이것은 하나님이 자기 백성을 인도하시고 교회를 세워가는 데 사용하시는 방법이 결코 아니다.

율법주의에 물든 교회에서는 많은 사람이 마치 직장생활을 하듯 교회생활을 해 나간다. 각자에게 부여된 의무 수행 여부에 따라 개인의 신앙생활 점수가 매겨지고, 그 점수를 바탕으로 교회와 사람들의 인정을 받는다. 나의 충성도가 높을수록 칭찬과 인정이 높아지는 반면, 충성도가 낮아질수록 사람들로부터의 판단과 정죄를 피하기가 힘들다. 그 결과 율법주의에 물든 교회는 참다운 삶의 변화를 이루는 성도들이 아니라 예수님이 그렇게도 싫어하시고 꾸짖으셨던 바리새인들을 만들어 내는 공장이 된다. 타인에 대한 눈치와 체면 때문에 열심을 내지만 하나님의 은혜와는 너무나 동떨어진 모습의 교인들을 만들어 내는 것이 율법주의의 결과다.

율법주의에 물든 사람이라고 해서 복음의 은혜에 의한 구원을 믿지 않는 것은 아니다. 이들은 예수 그리스도의 십자가 은혜를 통해 구원을 받았고 또 나중에 천국에 갈 것을 믿는다. 하지만 하나님의 구원받은 백성으로서의 자격을 자신의 노력으로 유지해야 한다고 생각한다. 따라서 이들의 봉사나 섬김의 동기는 그 자격을 스스로의 노력으로 유지해서 하나님께 복을 받고 벌을 피하려는 생각으로 가득하다. 그러므로 율법주의에 길들여진 사람들에게 하나님 안에서의 진정한 안식과 평강이란 매우 생소하고 낯선 개념이다. 이들에게 하나님의 은혜를 통한 진정한 내면의 변화와 풍성한 삶은 거의 존재하지 않는다.

죄로 인해 망가진 우리 내면을 진정으로 변화시킬 수 있는 것은 오직 하나님의 무조건적인 사랑과 받아 주심의 은혜, 즉 복음의 은혜다. 복음은 우리가 이미 그리스도 안에서 하나님께 더할 수 없는 인정을 받았고 앞으로도 예수 그리스도 안에서 지속적으로 하나님의 사랑과 축복을 받을 존재라고 가르친다. 로마서 8장 32절은 이렇게 말한다. "자기 아들을 아끼지 아니하시고 우리 모든 사람을 위하여 내주신 이가 어찌 그 아들과 함께 모든 것을 우리에게 주시지 아니하겠느냐." 이 말씀은 하나님이 우리를 사랑하시고 축복하시는 근본적인 이유가 바로 우리가 그리스도 안에 있기 때문이지 우리의 잘남과 못남 때문이 아니라는 의미다.

하나님은 자기 아들 예수 그리스도의 십자가 은혜를 믿는 자들을 이미 그분의 자녀로 받아들이셨다. 더 나아가 하나님의 받아 주심은 더할 수 없이 완벽하고 영원한 것이며, 인간의 노력이 아니라 하나님의 무조건적인 사랑을 바탕으로 하기 때문에, 세상의 그 어떤 것도 심지어 우리 자신조차도 우리를 그리스도 안에 있는 하나님의 사랑에서 끊을 수 없다(롬 8:38-39).

하나님의 받아 주시는 은혜는 인간의 노력으로 얻을 수 없는 것이며 동시에 한 번 얻은 뒤에는 인간의 부족함 때문에 잃을 수도 없는 것이다. 하지만 안타깝게도 수많은 사람이 구원은 은혜로 받고 신앙생활은 율법으로 돌아가는 어처구니없는 삶을 살고 있다. 그 결과 신앙생활을 할수록 오히려 하나님이 기뻐하시지 않는 모습이 되어간다.

**정리
하기**

1. 율법주의란 인간의 행위나 노력에 바탕을 둔 하나님과의 관계 맺음이다. 이것은 역사상 가장 보편적인 형태의 잘못된 복음이다(롬 3:28).

2. 율법주의에 얽매인 사람은 결국 그 영이 죽고 살아 있는 신앙생활이 불가능해진다(고후 3:6).

3. 율법주의에 의하여 눈이 멀면 예수 그리스도의 은혜를 볼 수 없게 된다. 그래서 오직 그리스도 안에서 죄인인 인간이 하나님께 온전히 받아들여진다는 진리를 모르고, 그리스도를 벗어나 스스로의 노력으로 하나님께 인정받고 복 받으려는 삶을 열심히 살려고 든다(롬 15:7).

**생각
하기**

1. 율법주의란 무엇인지 실례를 하나씩 들어 보자.

2. 율법주의에서는 하나님과 인간의 관계가 무엇에 의해 좌우되는가?

3. 율법주의에 빠져든 개인이나 공동체는 어떤 삶의 태도를 보이는가?

4. 하나님이 당신의 자녀를 늘 받아 주시고 인정하시며 그 관계를 끊지 않으신다는 확실한 근거는 무엇인가?

# 방임주의 삶: 죄의 달콤한 유혹이 가져다주는 쓰라린 상실과 방황

그런즉 우리가 무슨 말을 하리요 은혜를 더하게 하려고 죄에 거하겠느냐. 그럴 수 없느니라. 죄에 대하여 죽은 우리가 어찌 그 가운데 더 살리요. (롬 6:1-2)

정수 씨는 지방에서 대학을 졸업하고 서울에서 직장생활을 한 지 3년이 된 총각 직장인입니다. 어릴 적부터 고향에서 교회에 다녔고 지금은 서울의 한 교회에 다니고 있습니다. 전에 다니던 교회에서 대학부 임원으로 섬기며 주위에서 모범적인 청년이라는 소리를 자주 들었기에, 정수 씨는 새롭게 시작하는 직장생활과 교회생활도 이전과 마찬가지로 열심히 할 수 있으리라 기대하며 서울로 올라왔습니다. 그러나 서울생활은 그렇게 호락호락하지 않았습니다. 직장은 바빴고 잦은 회식과 술자리에서의 처신은 어려웠습니다. 그리고 왜 그렇게 유혹이 많은지, 조금만 손을 뻗어도 유혹의 손길을 접할 수 있는 환경들이 널려 있는 대도시의 삶이었습니다.

시간이 지날수록 직장에서의 인정과 원만한 관계를 위한다는 명분으로, 정수 씨는 과거에는 상상할 수도 없었던 삶에 조금씩 젖어들었습니다. 처음에는 직장동료들에게 끌려가는 입장이었지만, 나중에는 정수 씨 스스로 성적인 욕구를 해소하는 곳들을 찾아가게 되었습니다. 늘 이번 한 번만이라고 시작해서 다시는 안 갈 것이라는 결심으로 끝나는 죄의 덫과 사슬은 시간이 지날수록 정수 씨를 더 조여 왔습니다. 그러는 사이 하나님을 향해 가졌던 순수한 믿음과 열정은 점점 사라지고 나중에는 주일예배를 드리는 것조차 귀찮아지기 시작했습니다.

그러면서도 한편으로는 하나님과 소원해지고 온전한 신앙생활과 멀어진 자신의 모습 때문에 괴롭고 무서운 마음이 들었습니다. 하나님이 언제라도 대가를 치르게 하실 것 같다는 생각에 늘 불안했습니다. 이러한 삶을 끝내야 한다고 다짐도 해 보았지만, 그러다가도 이제 돌이켜 봤자 하나님이 다시 받아 주시고 예전처럼 대해 주실 것 같지 않다는 생각이 들었습니다. 어떻게 하나님과의 관계를 회복할지 막막하기만 했습니다.

정수 씨는 여전히 주일예배에 참석만 할 뿐 마음으로는 이렇게 말합니다. '하나님이 나를 천국에 가게 해 주실진 몰라도 더 이상 나를 이전처럼 가까이 대하시지는 않을 거야. 하나님께 다시 가까이 가기에는 너무 먼 길을 와 버린 것 같아….'


### 방임주의 삶이란?

오늘날 교회 안에는 정수 씨처럼 죄와 신앙생활이라는 불안하고 불편한 동거의 삶을 사는 사람들이 있다. 이들은 세상의 유혹과 죄의 늪에 빠져 하나님과 소원해진 삶 속에서 신음하고 있다. 처음에는 자의로 죄를 선택하지만, 시간이 갈수록 유혹과 죄에 끌려가는 노예 같은 삶이 반복되어 신음하며 살아간다. 올바른 신앙생활의 모습으로 돌아가려고 몸부림도 쳐보지만 번번이 실패할 뿐이다.

아마도 이들이 생각하는 올바른 신앙생활의 가장 커다란 걸림돌은 자신의 죄일 것이다. 그러나 사실은 유혹에 넘어가는 죄 자체보다 더 큰 문제가 마음속에 자리 잡고 있다. 더 이상 하나님의 은혜를 의지하지 못하는 마음이다. 거듭되는 죄 때문에 다시는 하나님과 예전의 관계를 회복하지 못할 거라고 스스로 내린 결론이 이들의 영적인 발목을 잡고 있다. 하지만 하나님과의 관계가 자신들의 죄로 인해 망가졌을 뿐만 아니라 다시 이전처럼 되돌릴 수 없는 상태가 되었다는 생각은 착각이다. 죄로 어두워진 눈은 복음을 통해 주시는 하나님의 무한한 용서와 은혜를 바라보지 못하는 불신앙에 빠지게 된다. 또 이러한 불신앙은 하나님의 은혜를 누릴 수 없도록 만들기 때문에 죄의 사슬을 끊기가 더 어려워지는 이중 딜레마에 빠진다. 하지만 자신의 죄 자체만을 바라보는 한, 이들이 죄와 그로 인한 죄책감의 사슬과 속박으로부터 벗어나기란 거의 불가능하다.

비록 죄 가운데서라도 믿음의 눈으로 복음의 은혜를 바라본다면 얼마든 죄에서 벗어날 희망을 가질 수 있다. 죄는 미워하셔도 죄인은 사랑하시는 하나님의 용서와 받아 주심의 은혜를 깨닫고 복음의 은혜 안에서 이미 받아들여졌다는 사실을 믿을 수만 있다면 죄에서 벗어나기는 훨씬 수월하다. 이들에게 근본적으로 필요한 것은 죄를 벗어나려는 스스로의 노력이 아니다. 스스로의 노력만으로 죄를 벗어날 수 있는 사람은 없다. 왜냐하면 사람은 처음에 죄의 유혹에 넘어가지만 나중에는 죄 자체의 힘 때문에 벗어날 수 없는 지경에 이르기 때문이다. 이러한 죄와 그 유혹과 속박의 엄청난 힘을 싸워 이기기 위해서는 먼저 죄의 메커니즘에 대해 좀 더 깊이 알 필요가 있다.

일반적으로 사람들이 생각하는 죄의 개념은 사회적 관점에 따른 것이다. 사회적 관점에서 죄란 각종 법이나 규칙을 어기는 것으로, 성경도 마찬가지의 정의를 내린다. 요한일서 3장 4절은 "죄를 짓는 자마다 불법을 행하나니 죄는 불법이라"라고 말한다. 그런데 예수님은 죄에 대한 또 다른 흥미로운 정의를 보여 주신다. 요한복음 8장에서 예수님은 자신을 따르던 유대인에게 이렇게 말씀하셨다. "진리를 알지니 진리가 너희를 자유롭게 하리라"(32절). 이에 스스로 자유인이라고 생각하던 유대인들은 자존심이 상해서 "우리가 아브라함의 자손이라. 남의 종이 된 적이 없거늘 어찌하여 우리가 자유롭게 되리라 하느냐"(33절)라고 예수님께 따진다. 그때 예수님은 이렇게 답하신다. "진실로 진실로 너희에게 이르노니 죄를 범하는 자마다 죄의 종이라"(34절). 예수님의 가르침은 죄의 속성에 관한 아주 심오하면서도 보편적인 진리다. 죄는 그 죄를 짓는 사람들을 죄의 노예가 되게 한다는 사실이다.

어떤 종류가 되었든 죄는 일정 기간 동안 반복되면 중독성을 띤다. 도박, 성적인 죄, 거짓말, 도둑질, 폭력 등 모든 죄는 지으면 지을수록 거절하기 힘들어진다. 그래서 거듭해서 짓는 죄는 결국 사람을 죄의 노예로 만들고, 아무리 멈추려 해도 그 죄의 힘을 거부하지 못하고 끌려 다니는 처지로 만든다. 때때로 우리는 "하나님, 한 번만 더 기회를 주시면 다시는 같은 죄를 짓지 않겠습니다"라고 스스로 결심을 한다. 그런데 우리의 이러한 결심을 가장 좋아하는 존재는 하나님이 아니라 바로 사탄이다.

우리에게는 죄의 속박으로부터 벗어날 능력과 힘이 없다. 죄를 벗어나는 것은 근본적으로 우리의 결심이나 의지에 달린 문제가 아니다. 솔직히 우리는 얼마나 자주 죄를 짓지 않겠다고 결심하고 또 같은 죄를 반복해서 짓는가? 문제는 이러한 인간적인 결심이나 의지로 죄를 짓지 않으려는 노력이 오히려 하나님과 우리 사이를 더 갈라놓는다는 점이다.

이유는 두 가지다. 첫째, 앞서 언급했듯이 죄에서 온전히 벗어날 수 있는 능력이 우리에게 없기 때문이다. 죄의 유혹 앞에 사람이 얼마나 무능력한지를 우리는 경험을 통해 잘 안다. 둘째, 죄를 짓지 않으려는 노력이 수포로 돌아갈 때마다 우리는 하나님 앞에서 자신이 더 실망스러운 존재가 된다고 느끼고 심지어 그렇게 믿기까지 하기 때문이다. 결심과 실패를 반복할수록 하나님과 더 거리감을 느끼고 결국에는 소원한 관계가 되어 버린다. 이렇듯 스스로의 결심으로 죄를 이기려다가 무너져서 하나님을 더 이상 찾지 않는 크리스천의 모습보다 사탄을 신나게 하는 것은 없다.

의지나 결심만으로는 부족하다. 죄를 이기기 위해 우리에게 정말로 필요한 것은, 의지나 결단에 앞서, 죄를 이기신 주님의 능력과 도우심이다. 그분의 도우심이 없이는 절대로 죄에서 해방될 수 없다. 이것이 요한복음 8장 36절의 가르침이다. "그러므로 아들이 너희를 자유롭게 하면 너희가 참으로 자유로우리라." 세상의 유혹과 죄로부터의 자유와 해방은 오직 주님만 하실 수 있으며, 주님은 이 자유를 모든 믿는 사람에게 주기 원하신다.

따라서 죄의 덫에 걸리면 걸릴수록 더욱 주님을 찾아야 하고, 주님이 이런 우리를 결코 외면하거나 덜 사랑하시지 않는다는 사실을 믿어야 한다. 이것이 하나님의 용서와 그 은혜의 참된 의미다. 죄인을 용서하시고 몇 번이라도 받아 주시는 하나님의 소진될 수 없는 은혜는 우리 모두에게 필요한 은혜다. 물론 하나님께 그렇게 하셔야 하는 의무가 있는 것은 아니다. 하지만 하나님은 자신의 긍휼과 사랑에 따라 무한한 용서의 은혜를 죄인들에게 베푸신다. 따라서 하나님의 은혜는 그렇게 하실 의무가 없으신 하나님이 받을 자격이 없는 죄인들에게 일방적으로 베푸시는 호의라고 정의할 수 있다.

놀라운 사실은 주님도 우리가 얼마나 쉽게 죄의 유혹에 빠지고 또 지은 죄로 인해 얼마나 괴로워하는지 잘 아신다는 것이다. 어떤 죄는 쉽게 끊을 수 있지만 어떤 죄는 뿌리가 깊어 아주 오랜 기간 치료의 은혜가 필요하다. 특히나 자신만 알고 있는 습관적이고 고질적인 죄나 마음으로 짓는 죄들은 하루아침에 고쳐지거나 사라지지 않는다. 하지만 우리에게는 희망의 좋은 소식이 있다. 바로 우리의 구원자이신 주님이 우리의 죄를 위해 죽으셨을 뿐 아니라 다시 살아나셔서 우리 안에서 부활의 생명으로 살아 계시다는 사실이다. 이 주님의 부활의 생명을 성령님 또는 하나님의 영이라고도 부른다.

영이신 주님의 생명이 우리 안에서 역사하시는 가장 중요한 일 중의 하나는 바로 우리의 죄를 죽이시고 우리의 삶이 예수 그리스도를 닮아 가도록 변화시키시는 것이다. 그러므로 우리 안에 내주하시는 성령님의 존재와 능력을 믿음으로 받아들이고 의지할 때 우리는 죄를 이기는 삶을 살 수 있다. 이것이 예수 그리스도의 죽으심과 부활하심의 복음을 우리 삶에 적용하는 것이며, 죄로 인해 잃어버린 복음의 길을 회복하는 방법이다. 사도 바울은 로마서에서 다음과 같이 가르친다.

> 예수를 죽은 자 가운데서 살리신 이의 영이 너희 안에 거하시면 그리스도 예수를 살리신 이가 너희 안에 거하시는 그의 영으로 말미암아 너희 죽을 몸도 살리시리라…너희가 육신대로 살면 반드시 죽을 것이로되 영으로써 몸의 행실을 죽이면 살리니. (롬 8:11, 13)

하나님의 영, 성령님을 의지할 줄 아는 자만이 진정으로 육신의 행실, 즉 죄를 이길 수 있다는 뜻이다. 죄의 힘과 능력이 아무리 크더라도 주님의 십자가와 복음의 능력을 이길 수는 없다. 주님은 자신을 죄로 인해 병든 자들을 고쳐 주는 의사라고 소개하신다. 마태복음 9장에서 예수님은 이렇게 말씀하신다. "건강한 자에게는 의사가 쓸 데 없고 병든 자에게라야 쓸 데 있느니라…나는 의인을 부르러 온 것이 아니요 죄인을 부르러 왔노라"(12-13절). 여기서 병은 죄의 병을 의미한다. 그리고 죄인은 자신이 죄의 병에 걸렸다는 사실을 알고 인정하는 사람을, 의인은 자신이 죄의 병에 걸리지 않았다고 생각하는 사람을 가리킨다. 그렇다면 예수님의 이 말씀은 세상에 죄인과 의인, 두 종류의 사람이 있다는 뜻일까? 아니다. 오히려 두 종류의 태도를 지닌 사람들이 있다는 말이다. 한 부류는 스스로를 도덕적으로 종교적으로 의롭다고 여기기 때문에 주님을 필요로 하지 않는 사람들이고, 다른 한 부류는 자신이 죄로 병든 것을 알기 때문에 주님을 필요로 하고 원하는 사람들이다.

죄 때문에 괴롭고 힘들수록 주님을 더 찾아야 한다. 그분은 자신에게 나아오는 죄인들을 멀리하거나 거절하시는 분이 결코 아니다. 오직 예수 그리스도만이 우리를 괴롭히는 죄의 병들을 근본적으로 고쳐 주실 수 있다. 그러므로 우리는 죄의 힘이 아무리 강하고 그 상처가 깊더라도 주님께 나아가는 믿음을 가져야 한다. 스스로의 죄와 못남을 바라보고 주저하는 것은 그만큼 주님을 신뢰하지 못한다는 뜻이므로, 못나고 죄가 많을수록 더욱 주님을 찾고 고침받으려는 믿음을 가져야 한다. 이러한 믿음은 예수 그리스도의 복음에 들어 있는 하나님의 사랑과 은혜에 대한 올바른 이해와 확신 속에서만 나올 수 있다.

이어서 율법주의 삶과 죄와 유혹을 좇는 방임주의 삶에 대한 예수님의 가르침을 살펴보자. 겉으로는 전혀 다른 것 같은 두 종류의 삶이 사실은 하나님으로부터 도망가는 삶이라는 공통점을 지니는 모습을 살펴보자. 율법주의가 자신의 인간적인 의로움을 쌓아 가는 가운데 하나님으로부터 멀어지는 반면, 방임주의는 죄와 유혹을 따라 사는 가운데 하나님으로부터 벗어나는 모습을 보여 준다. 하나님을 벗어나는 두 가지 모습이 어떻게 서로 다르고 또 어떻게 서로 같은지 그리고 이러한 길 잃음으로부터 어떻게 돌아올 수 있는지를 함께 살펴보자.

## 정리 하기

1. 죄는 하나님과 인간 사이를 갈라놓는다(사 59:2). 하지만 그리스도의 십자가는 이 갈라진 간격을 완전히 메우신 은혜다(벧전 3:18).

2. 죄는 중독성을 지니고 있다. 따라서 같은 죄를 거듭해서 지을수록 그 죄에 사로 잡히는 노예가 된다(요 8:34).

3. 죄에서 벗어나는 것은 근본적으로 인간의 의지나 노력에 달려 있지 않다. 죄에서 진정으로 벗어나려면 그리스도를 의지하는 믿음의 삶이 필요하다(요 8:36).

4. 죄를 용서하시고 그 사슬을 벗겨 주시는 예수님의 은혜와 능력은 스스로의 죄를 인정하고 주님을 의지하는 죄인들의 삶에서 나타난다(요일 1:8-9).

## 생각 하기

1. 하나님과의 관계에서 죄는 어떤 역할을 하는가?

2. 죄에서 벗어나려면 어떻게 해야 하는가?

3. 그리스도 안에서 하나님은 죄인들에게 어떤 은혜와 희망을 주셨는가?

4. 자신의 죄를 솔직하게 인정하는 삶은 그리스도와의 관계에서 어떤 역할을 하는가?

또 이르시되 어떤 사람에게 두 아들이 있는데 그 둘째가 아버지에게 말하되 아버지여 재산 중에서 내게 돌아올 분깃을 내게 주소서 하는지라. 아버지가 그 살림을 각각 나눠 주었더니 그 후 며칠이 안 되어 둘째 아들이 재물을 다 모아 가지고 먼 나라에 가 거기서 허랑방탕하여 그 재산을 낭비하더니 다 없앤 후 그 나라에 크게 흉년이 들어 그가 비로소 궁핍한지라. 가서 그 나라 백성 중 한 사람에게 붙여 사니 그가 그를 들로 보내어 돼지를 치게 하였는데 그가 돼지 먹는 쥐엄 열매로 배를 채우고자 하되 주는 자가 없는지라. 이에 스스로 돌이켜 이르되 내 아버지에게는 양식이 풍족한 품꾼이 얼마나 많은가 나는 여기서 주려 죽는구나. 내가 일어나 아버지께 가서 이르기를 아버지 내가 하늘과 아버지께 죄를 지었사오니 지금부터는 아버지의 아들이라 일컬음을 감당하지 못하겠나이다 나를 품꾼의 하나로 보소서 하리라 하고 이에 일어나서 아버지께로 돌아가니라. 아직도 거리가 먼데 아버지가 그를 측은히 여겨 달려가 목을 안고 입을 맞추니 아들이 이르되 아버지 내가 하늘과 아버지께 죄를 지었사오니 지금부터는 아버지의 아들이라 일컬음을 감당하지 못하겠나이다 하나 아버지는 종들에게 이르되 제일 좋은 옷을 내어다가 입히고 손에 가락지를 끼우고 발에 신을 신기라. 그리고 살진 송아지를 끌어다가 잡으라. 우리가 먹고 즐기자. 이 내 아들은 죽었다가 다시 살아났으며 내가 잃었다가 다시 얻었노라 하니 그들이 즐거워하더라. 맏아들은 밭에 있다가 돌아와 집에 가까이 왔을 때에 풍악과 춤추는 소리를 듣고 한 종을 불러 이 무슨 일인가 물은대 대답하되 당신의 동생이 돌아왔으매 당신의 아버지가 건강한 그를 다시 맞아들이게 됨으로 인하여 살진 송아지를 잡았나이다 하니 그가 노하여 들어가고자 하지 아니하거늘 아버지가 나와서 권한대 아버지께 대답하여 이르되 내가 여러 해 아버지를 섬겨 명을 어김이 없거늘 내게는 염소 새끼라도 주어 나와 내 벗으로 즐기게 하신 일이 없더니 아버지의 살림을 창녀들과 함께 삼켜 버린 이 아들이 돌아오매 이를 위하여 살진 송아지를 잡으셨나이다. 아버지가 이르되 얘 너는 항상 나와 함께 있으니 내 것이 다 네 것이로되 이 네 동생은 죽었다가 살아났으며 내가 잃었다가 얻었기로 우리가 즐거워하고 기뻐하는 것이 마땅하다 하니라. (눅 15:11-32)

누가복음 15장 11-32절은 전통적으로 '탕자의 비유'로 알려져 있다. 아버지로부터 미리 유산을 받은 둘째 아들이 집을 떠나 방탕한 삶으로 돈을 탕진한 뒤에 아버지께 다시 돌아온다는 이야기다. 하지만 이 이야기에는 탕자인 둘째 아들뿐만 아니라 첫째 아들도 등장한다는 사실을 주목해야 한다. 두 아들의 이야기를 통해서도 우리에게 가르침을 주시는 예수님의 말씀을 잘 들어보자.+

성경을 바르게 이해하기 위해서는 성경에 나오는 부분적인 비유의 가르침을 전체 내용을 통해 이해하는 통찰력이 필요하다. 그렇다면 '탕자의 비유'가 들어 있는 누가복음 15장의 큰 주제는 무엇일까? 바로 '잃어버림'일 것이다. '잃은 양을 찾은 사람의 비유'(4-7절), '잃은

---

+ 웨스트민스터신학교의 교수였던 Edmund Clowney와 뉴욕 Redeemer교회의 Tim Keller목사 그리고 *He Loves Me*의 저자 Wayne Jacobsen 등의 글을 참고하였음을 밝힌다.

동전을 찾은 여인의 비유'(8-10절) 그리고 '잃은 탕자를 되찾은 아버지의 비유'가 그 뒤를 따른다. 하지만 예수님의 비유에서 길을 잃은 영혼은 탕자였던 둘째 아들만이 아니다. 첫째 아들 또한 길을 잃기는 마찬가지였다. 따라서 정확히 말하면 누가복음 15장 11-32절은 '탕자의 비유'보다는 '길을 잃은 두 아들의 비유'라고 하는 것이 더 적절할 것이다.

비유에 등장하는 두 아들은 각기 다른 방식으로 아버지와의 관계 속에서 길을 잃는다. 둘째 아들은 방임주의적인 죄와 유혹의 삶 속에서 그리고 첫째 아들은 자신의 의를 내세우는 율법주의적인 삶 속에서 길을 잃는다. 둘째 아들은 죄와 유혹을 좇는 이기적인 방탕함 속에서 아버지로부터 도망가지만, 첫째 아들은 자신의 봉사와 열심과 헌신 속에서 아버지로부터 멀어진다. 그런데 첫째 아들의 잃음은 과연 어떻게 가능한 것일까? 아버지 집에 늘 거하면서 열심히 봉사하고 노력하는 삶 속에서도 아버지로부터 멀어질 수가 있다는 말인가? 놀랍지만 사실이다. 두 아들의 모습과 행동은 정반대였지만 결국 아버지로부터 멀어지고 길을 잃는 동일한 결과를 맞이한다. 물론 이 비유에서 아버지는 하나님을 상징한다. 예수님은 이 비유를 통해 인간이 하나님과의 관계 속에서 길을 잃게 되는 전형적인 두 가지 모습을 보여 주신다.

　둘째 아들에 관한 이야기는 죄인을 향한 하나님 아버지의 놀라운 사랑을 보여 준다. 비유 속의 둘째 아들은 아버지에 대한 공경심이 눈곱만큼도 없는 불효자식이다. 둘째 아들은 아버지가 아직 살아 계시는데 유산상속을 요구한다. 고대의 가부장적인 사회가 배경이 된다는 면에서, 둘째 아들의 행동은 일어날 수도 상상할 수도 없는 일이다. 아버지가 돌아가신 후에 유산의 분배가 이루어지는 것이 관습인데, 아들은 아버지가 살아 계시는 동안에 당장 유산을 달라고 요구한다. 이는 아버지께 "아버지, 아버지가 돌아가실 때까지는 도저히 기다릴 수 없으니 지금 제 몫을 주세요"라고 요구하는 아주 불경한 행동이다. 아버지 밑에서 사는 것이 지겹고 불만인 아들은 세상에서 자기 멋대로 살겠노라고 주장한다.

　그런데 아버지의 반응은 둘째 아들의 요구보다 놀랍다. 아버지는 둘째 아들의 뻔뻔한 요구를 묵묵히 들어준다. 여느 아버지였으면 당장 쫓아내고 부자지간의 인연을 끊었을 텐데, 비유 속의 아버지는 뻔히 아들의 의도를 알면서도 아들의 요구를 들어준다. 당시 재산의 기준인 토지를 나누고 또 그것을 팔아 치우는 것은 집안의 사회경제적 하락과 가문의 수치를 가져올 것이 분명하다. 그런데도 아버지가 아들의 요구를 들어준 것이다. 그러므로 아들의 요구를 순순히 받아 주는 아버지의 모습은 당시 이 비유를 듣던 사람들이 도저히 납득하기 힘든 일이었을 것이다.

아무튼 유산을 받아 현금화한 둘째 아들은 먼 나라에 가서 방탕하고 무절제한 삶을 살다가 재산을 탕진한다. 그러고는 배고픔을 못이기고 돼지를 키우는 종의 신분으로 전락한다. 돼지는 구약 시대부터 아주 불결한 동물로 여겨졌기 때문에, 당시 유대인들은 돼지고기를 먹지 않았을 뿐만 아니라 돼지 근처에 가지도 않았다. 하지만 이 아들은 유대인이면서도 돼지우리에서 돼지와 같이 지내며 심지어 돼지의 먹이를 먹으려 했다. 그런데 그마저도 배불리 먹을 수 없다는 사실은 그 비참함의 정도가 얼마나 심각했는지를 보여 준다.

하지만 이 극심한 배고픔과 그에 따른 비참함 때문에 둘째 아들은 제정신을 차리게 된다. 자신이 한 짓이 얼마나 어리석었는지 고통스러운 죄의 결과를 통해 철저히 깨달은 것이다. 그래서 아버지께 돌아갈 계획을 세운다. 하지만 아직까지는 아버지의 사랑을 깨달아서가 아니라 자신의 필요 때문에 아버지께 돌아갈 결심을 한 것이다. 아버지께 가면 최소한 굶지 않고 마음껏 음식을 먹을 수 있을 것이라 생각하고, 종으로라도 받아 달라고 사정할 계획을 짜고 고향으로 발걸음을 옮긴다.

변명할 말들을 여러 번 반복하고 연습하면서 길을 가던 아들이 동네 어귀에 도달하여 멀리 있는 집이 눈에 들어올 때쯤, 아버지가 아들을 먼저 알아본다. 그러고는 본능적으로 아들을 향해 달려간다. 아버지가 자신을 향해 달려오는 모습을 본 아들은 아마도 아버지가 자신을 두들겨 패거나 내어 쫓으려고 달려온다고 생각했을 것이다.

여기서 한 가지, 당시 나이든 가장들은 길에서 절대로 뛰어가는 법이 없었다는 점에 주목해야 한다. 아이들이나 종들은 몰라도 신분이 높은 어른은 절대 뛰는 법이 없었다. 도포를 입은 어른이 뛰어가면서 멀건 다리를 드러내는 일은 위엄과 체면을 목숨만큼 소중히 여겼던 당시 사회에서 볼 수 없는 모습이었다. 하지만 아버지는 체면도 내팽개친 채 사랑하는 아들을 향해 정신없이 달려간다. 자신을 떠난 아들을 향한 그리움과 사랑이 아버지를 달려가게 한 것이다.

달려오는 아버지를 본 아들은 분명 놀라고 당황했겠지만 연습하고 또 연습한 대사를 아버지에게 쏟아낸다. "아버지, 저는 당신에게 죄를 지었습니다. 아버지께 아들로서 다시 돌아올 자격이 없으니 괜찮으시다면 저를 종으로라도 받아 주세요." 그러나 아들의 변명은 아버지의 와락 끌어안음과 입맞춤에 삼켜져 버리고 만다. 아들이 상상했던 노여움 대신 아버지는 돌아온 아들을 온몸으로 감싸 안으며 따라온 종들을 향해 이렇게 외친다. "빨리 가서 가장 좋은 옷을 가져와 내 아들에게 입히고 반지를 끼워 주고 신발을 신겨 주거라." 이를 통해 아버지는 둘째 아들의 아들로서의 신분을 회복시켜 준다. 아들은 종으로 돌아오려고 했지만, 아버지는 아들로서만 둘째 아들을 다시 받아들인 것이다.

너무나 기쁜 아버지는 또 종들에게 "가장 살진 송아지를 잡거라. 내 아들이 살아서 돌아왔으니 어찌 잔치를 베풀지 않을 수 있겠느냐!"라고 명령한다. 특별한 잔치에만 고기를 먹었던 시절에 그것도 송아지 고기라니, 아들의 돌아옴에 매우 기뻤던 아버지는 그 기쁨을 최고의 잔치를 베푸는 것으로 표현하고 싶었던 것이다. 아들은 죄인으로 돌아왔지만, 아버지의 용서와 사랑이 덮지 못할 죄는 존재하지 않았다.

여기서 한 가지 생각하고 물어야 할 질문이 있다. 이 아버지는 언제 둘째 아들을 가장 사랑하였을까? 아들이 집을 떠나기 전이었을까? 아들이 집을 떠나 있을 때였을까? 아니면 아들이 마침내 자신의 처지를 깨닫고 돌아왔을 때였을까? 이 중 어느 것도 정답이 아니다. 아버지는 아들을 더 사랑한 적도 덜 사랑한 적도 없었다. 아들을 향한 아버지의 사랑은 언제나 동일했다. 차이가 있다면 아버지의 사랑에 대한 아들의 깨달음이지, 아버지의 사랑은 한 번도 그리고 조금도 변함이 없었다. 그러나 둘째 아들은 방탕과 고통을 겪은 후 다시 돌아왔을 때에야 비로소 아버지의 사랑의 깊이를 깨닫게 되었다.

그렇다면 이 비유를 통해 예수님이 우리에게 가르쳐 주시려는 것은 무엇일까? 바로 아버지 하나님의 무조건적인 사랑과 용서의 은혜다. 하나님께 돌아오는 죄인들을 언제라도 무조건적으로 받아 주시는 그분의 이해 불가능한 용서와 사랑의 깊이와 정도를 깨우쳐 주시려는 것이다. 죄 가운데 길을 잃고 방황하는 자녀들을 향한 하나님 아버지의 음성은 언제나 한결같다. "얘야, 네가 어디에 있든지 무엇을 했든지 상관없이 어서 나에게 돌아오거라."

첫째 아들의 길 잃음

누가복음 15장의 이 비유를 대할 때 우리는 탕자라고 부르는 둘째 아들에게 주로 초점을 맞추어 왔다. 하지만 이 이야기 속의 주인공은 둘째뿐 아니라 첫째 아들이기도 하다. 오히려 예수님은 둘째 아들보다 첫째 아들의 이야기를 더 심각하게 다루셨는지도 모른다. 왜냐하면 둘째 아들의 길 잃음보다 훨씬 심각한 것이 첫째 아들의 길 잃음이기 때문이다.

둘째 아들은 돌아왔지만 첫째 아들이 돌아왔다는 언급 없이 이야기가 끝이 난다. 둘째 아들의 길 잃음은 너무나 분명해서 돌아올 가망성이라도 있었지만, 첫째 아들의 길 잃음은 아버지에게만 분명하게 보였지 다른 사람들은 전혀 알아채지 못했기 때문에 오히려 돌아간다는 생각조차 할 수 없었다. 아버지를 떠났다가 돌아온 둘째 아들은 아버지의 사랑을 진심으로 깨닫지만, 아버지를 한 번도 떠난 적이 없는 첫째 아들은 오히려 아버지의 마음을 전혀 이해하지 못한 채 이야기가 끝을 맺는다.

둘째 아들이 돌아온 기쁨에 아버지가 잔치를 베풀 때, 첫째 아들은 밭에서 일을 하다가 집으로 돌아오는 중이었다. 집에 다다르자 들리는 풍악소리에 첫째 아들은 한 종에게 자초지종을 묻는다. 종이 "당신의 동생이 돌아왔으며 이를 기뻐한 아버지가 동네 사람들을 모아 놓고 잔치를 베푸신다"라고 대답한다. 이에 분개한 첫째 아들은 동네 사람들의 시선에도 아랑곳하지 않고 집안으로 들어가기를 거부하면서 아버지께 자신의 불만과 노여움을 공공연하게 표한다.

집안의 재산을 방탕한 생활로 탕진한 동생이 돌아왔다고 기뻐하는 아버지가 도저히 이해되지 않을 뿐 아니라 잔치에 절대 참여하지 않겠다고 공개적으로 아버지에게 시위하는 것이다. 그러자 아버지는 밖으로 나와 첫째 아들에게 잔치의 자리로 들어올 것을 종용한다. 하지만 이 아들은 여전히 들어가기를 거부하며 아버지를 향해 따진다. "나는 여러 해 동안 열심히 아버지를 섬겼는데 나를 위해서는 작은 잔치도 한 번 베풀어 주신 적이 없으면서 술과 섹스로 재산을 탕진하고 온 이 탕자에게는 이렇게 비싼 잔치를 베풀어 주다니 제정신이십니까?"

첫째 아들의 분노는 동생보다 오히려 아버지를 향한 것이었다. 열심히 아버지를 위해 일한 자신에게 더 잘해 주어야 할 아버지가 오히려 죄인인 동생에게 더 잘해 주는 것을 도저히 납득할 수 없었기 때문이다. 이 비유를 통해 예수님이 우리에게 가르쳐 주시는 교훈은 무엇일까? 답을 찾기 위해, 우리는 먼저 예수님이 이 비유의 말씀을 누구에게 하셨는지 알아야 한다.

누가복음 15장에서 예수님이 이 비유를 말씀하실 때 청중 가운데는 바리새인들도 섞여 있었다. 15장 첫 머리에 소개되는 청중을 보자. "모든 세리와 죄인들이 말씀을 들으러 가까이 나아오니 바리새인과 서기관들이 수군거려 이르되 이 사람이 죄인을 영접하고 음식을 같이 먹는다 하더라"(1-2절). 당시 바리새인들은 종교적 모범생이자 도덕적 열심자로, 늘 자신이 하나님 나라의 울타리 안에 있다고 믿는 사람들이었다. 하지만 이 두 아들의 비유를 통해, 예수님은 둘째 아들과 같은 세리들과 죄인들은 하나님께 받아들여지는 반면에 첫째 아들과 같은 바리새인들은 받아들여지지 못한다는 사실을 일깨워 주신다.

왜 둘째 아들은 받아들여지는데 첫째 아들은 받아들여지지 못하는 것일까? 바로 첫째 아들 유형의 사람들은 하나님의 용서와 은혜를 통해서가 아니라 스스로의 노력과 의로움을 통해 하나님의 축복과 천국을 얻으려는 자들이기 때문이다. 그 결과 이들은 하나님의 은혜를 누릴 수도 없고 그분의 사랑을 이해하지 못하는 상태에 늘 머물러 있게 된다. 그렇다고 해서 이 첫째 아들처럼 스스로 의로운 자들에게 하나님의 은혜가 임할 가망이 전혀 없다는 말은 아니다. 둘째 아들이 자신의 잘못을 회개하고 아버지께 돌아올 수 있었다면 첫째 아들도 마찬가지다. 다만 첫째 아들이 회개해야 할 것은 방탕의 죄가 아니라 스스로의 의로움이라는 점이 다르다.

이 사실은 우리 모두가 알아야 할 놀라운 진리를 가르쳐 준다. 그것은 하나님과 사람 사이를 갈라놓는 요소에는 죄뿐 아니라 인간이 스스로 만들어 내는 의(righteousness)도 포함된다는 것이다. 그래서 예수님은 이를 이해하지 못하던 바리새인들에게 이 비유의 말씀을 들려주셨다. 사도 바울은 이 진리를 다음과 같이 표현한다.

하나님의 의를 모르고 자기 의를 세우려고 힘써 하나님의 의에 복종하지 아니하
였느니라. (롬 10:3)

안타깝게도 오늘날 많은 사람이 구원은 은혜로 받았으면서도 신
앙생활은 바리새인이나 첫째 아들처럼 한다. 구원은 예수님의 의로
우심으로 받고 신앙생활은 스스로의 의로움에 의지해서 해 나가는
것이다. 교회에 다니는 많은 사람이 첫째 아들처럼 스스로의 노력과
열심을 통해 아버지이신 하나님을 조종하려는 무의미한 노력을 한
다. 내가 하나님을 위해 일하고 노력하는 만큼 하나님도 나에게 그에
상응하는 은혜를 베푸시고 또 내가 원하는 것을 들어주셔야 한다고
생각한다. 이것은 하나님의 은혜와 축복을 인간의 노력으로 얻을 수
있다는 착각이다.

노력하고 봉사하는 자를 하나님이 더 사랑하시고 더 축복하셔야
된다는 생각은 인간의 종교적인 논리에 비추어볼 때 너무나 당연하
다. 하지만 하나님은 절대 우리의 노력과 열심에 의해 은혜를 베푸시
는 분이 아니다. 하나님이 우리를 구원하시고 은혜와 축복을 베푸시
는 유일한 이유와 근거는 예수 그리스도와 그분의 십자가를 믿는 믿
음에서 주어지는 의로움이지 우리 스스로의 의로움이 아니다. 따라
서 믿는 자들의 의로운 삶은 하나님으로부터 받은 의와 은혜에 대한
반응과 열매이지 그 원인이나 근거가 되는 것이 아니다. 우리의 부족
함과 결점과 죄에도 불구하고 하나님의 자녀들에게 변함없이 공평하

게 주어지는 은혜는 인간의 노력에 의한 공평이 아니라 값없이 주어지는 공평이다.

이처럼 놀라운 은혜가 예수를 믿는 모든 자에게 공평하게 주어지는 이유는 무엇일까? 그것은 바로 예수님이 십자가에서 죄인들을 위해 겪으신 엄청난 불공평 때문이다. 죄 없으신 하나님의 아들이 끔찍한 죄인처럼 비참하게 죽으신 십자가의 불공평 때문에 죄인들에게 하나님의 용서와 은혜가 불공평하리만큼 무조건적으로 주어진 것이다. 하나님의 용서와 사랑의 은혜는 인간의 노력으로는 도저히 얻을 수 없는 하나님의 일방적인 선물이다. 그래서 오직 믿음만이 이 은혜의 선물을 받을 수 있는 길이다.

누가복음 15장의 비유 속에서 아버지가 큰 아들을 향해 하는 말의 의미가 바로 이것이다. "얘 너는 항상 나와 함께 있으니 내 것이 다 네 것이로되"(31절). 풀어서 말하면 "네가 내 아들이면 내 것이 이미 너의 것인데 너는 왜 항상 너의 노력으로 얻으려고 하느냐? 왜 이미 주어진 아버지의 것들을 아들이라는 믿음으로 누리지 못하고 항상 일을 해서 얻어야 된다고 생각하느냐?"

오늘날 교회 안에는 작은 아들뿐만 아니라 큰 아들도 많이 존재한다. 이들은 작은 아들들을 업신여기고 하나님의 은혜가 열심히 노력하고 봉사하는 자신들의 몫이라고 생각한다. 그래서 일이 잘되면 자신의 노력이 하나님을 움직였다는 생각으로 교만해지고, 그 반대로 노력한 만큼의 대가가 주어지지 않는다고 생각될 때는 하나님을

향한 불만과 분노를 품고 때로 무관심해지기까지 한다. 하나님과의
사이에서 계산이 맞지 않는다고 생각하기 때문이다. 겉으로는 예수
님의 공로를 말하더라도 속으로는 스스로의 노력에 의지하는 삶을
사는 것이다. 하지만 이들은 늘 불안하다. 자신들의 노력이 완전하다
고 확신할 길이 없기 때문이다.

### 이야기의 후속편

누가복음 15장에 나오는 '두 아들의 비유' 후속편을 상상해 보
자. 어느 아들이 더 진정으로 또 더 열심히 아버지를 섬길 것 같은
가? 어느 아들이 대가를 바라는 이기적인 마음이 아니라 아버지의
사랑과 은혜 때문에 아버지를 섬길 것 같은가? 아마도 둘째 아들일
것이다. 둘째 아들은 아버지의 은혜와 깊은 사랑의 마음을 보고 깨달
았기 때문에 더욱 아버지를 사랑하고 감사하는 마음으로 아버지를
섬기겠지만, 첫째 아들은 자신의 이득을 위해 아버지를 섬기기 때문
에 은혜와는 아주 동떨어진 삶을 살 것이다.

두 아들 모두 아버지를 섬길 것이다. 처음에는 오히려 첫째 아들
이 더 열심히 섬기는 것처럼 보일지 모른다. 그러나 궁극적으로는 둘
째 아들이 더 자발적인 열심을 낼 것이다. 교회 안에 있는 첫째 아들
들의 삶은 열심은 있을지 몰라도 내면이 점점 황폐해질 것이다. 이들
의 삶은 하나님의 은혜가 아니라 인간적인 교만이나 두려움이 동기

가 되기 때문에 은혜 없는 메마르고 딱딱한 삶이 될 수밖에 없다. 바로 이런 이유 때문에 개인적으로나 교회적으로 시간이 걸리더라도 예수 그리스도의 복음을 바탕으로 한 하나님의 사랑과 은혜를 가르치고 배우고 적용하는 참된 신앙의 길을 추구해야 한다. 이렇게 하나님의 사랑과 은혜의 마음을 깨달아 가는 영혼들을 길러내지 않는다면, 교회는 첫째 아들들만 만들어 내는 일터가 되고 말 것이다.

## 정리 하기

1. 하나님 아버지의 사랑, 즉 복음의 은혜를 거부하고 벗어나는 길에는 두 가지가 있다. 하나는 죄를 통한 방탕의 길이고 다른 하나는 스스로의 의, 즉 노력과 공로를 통해 하나님께 나아가려는 길이다.

2. 하지만 하나님 아버지께로 돌아가는 길은 오직 한 길, 회개의 길밖에 없다.

3. 아버지로부터 떠난 자가 회개해야 하는 것은 자신의 죄뿐 아니라 스스로의 의로움이다(롬 10:3).

4. 많은 경우 자신의 의로움은 하나님께로 나아가는 길에 커다란 걸림돌이 된다. 죄가 잘못되었다는 데는 대부분 동의하지만, 스스로의 열심으로 만들어 내는 의로움도 잘못된 것이라는 사실을 깨닫기란 쉽지 않기 때문이다. 바로 이러한 점에서 많은 사람이 첫째 아들과 같은 모습의 신앙생활을 한다.

5. 하나님 아버지의 용서와 받아 주심의 은혜는 인간의 죄에 의해 버려지는 것도 아니고 인간의 의로움에 의해 얻어지는 것도 아니다. 오직 하나님의 은혜로 값없이 주어지는 선물이다(엡 2:8-9).

## 생각 하기

1. 나에게 있는 둘째 아들의 모습은 무엇인가? 실제로 하나님과 멀어졌던 경험이 있는가?

2. 나에게 있는 첫째 아들의 모습은 무엇인가? 하나님을 향한 나의 열심이나 봉사들 때문에 스스로를 의롭게 여기고 남을 업신여긴 적이 있는가? 그런 열심은 결국 나에게 어떤 결과를 가져왔는가?

3. 두 아들의 비유를 통해 깨달은 하나님의 용서와 받아 주심의 은혜는 무엇인가?

4. 하나님 아버지의 무조건적인 용서와 받아 주심의 근거는 무엇인가?

# 3.

## 길 잃음과 길 찾음이란?

그러나 너를 책망할 것이 있나니 너의 처음 사랑을 버렸느니라. 그러므로 어디

서 떨어졌는지를 생각하고 회개하여 처음 행위를 가지라. (계 2:4-5a)

언젠가 북한산 산행을 하다가 길을 잃은 적이 있다. 내려가는 길은
분명 하나인데 계속해서 나타나는 여러 갈래 길 사이에서 한참을 헤
맸다. 그러다 마침 지나가는 사람의 도움으로 길을 찾아 내려온 경험
이 있다. 이처럼 우리는 길을 잃을 때가 있다. 크리스천의 영적 여정
도 이와 마찬가지이기 때문에 때때로 영적으로 길을 잃는다. 그럴 때
는 스스로에게나 자신을 털어놓을 수 있는 사람에게 반드시 물어야
할 질문이 있다. "나는 지금 올바른 길을 올바른 방향으로 가고 있는
가?" 우리는 자주 신앙생활의 길을 잃고 또 심지어 자신이 길을 잃었
다는 사실조차 모르는 채 열심히 앞으로 걸어간다. 그래서 수시로 자

신이 올바른 길을 가고 있는지에 대한 의문을 마땅히 품어야 한다.

예언자 이사야는 하나님 백성의 특기 가운데 하나가 바로 길을 잃는 것이라고 말한다. "우리는 다 양 같아서 그릇 행하여 각기 제 길로 갔거늘…"(사 53:6). 또한 시편 119편에서는 길을 잃고 헤매는 한 영혼이 주님을 향해 자신을 찾아 달라는 간구를 올린다. "잃은 양 같이 내가 방황하오니 주의 종을 찾으소서…"(시 119:176). 그렇다면 신앙생활의 여정 가운데 길을 잃고 있다는 사실을 우리는 어떻게 알 수 있을까? 물론 하나님은 우리가 영적으로 길을 잃었을 때 그 사실을 알아 낼 수 있는 방법을 알려 주셨다.

## 길 잃음의 적신호: 지나친 감정의 동요

가던 길을 잃고 헤매게 되었을 때, 사람들은 일반적으로 불안과 초조를 느끼다가 상황이 더욱 악화되면 결국 절망과 포기에 사로잡힌다. 히말라야 산봉우리를 정복하는 산악인들이 길을 잃고 눈더미 속을 헤매는 모습을 그려 본다면, 길을 잃고 또 실제로 목숨을 잃는 사람들의 감정 변화를 추측해 보는 것은 그렇게 어려운 일이 아니다. 초조, 불안, 절망 그리고 마침내 자포자기의 심정으로 변해 가는 감정들은 각각의 상황을 아주 정확히 반영해 준다.

하나님은 인간에게 감정이라는 선물을 주셨다. 그리고 이 감정은 스스로가 처한 상황의 종류와 정도를 알려 주는 신호 역할을 한다. 따라서 인간 감정의 정상적인 활동은 자신의 삶이나 주변에서 벌어지는 상황을 마음에 알려 주는 계기판 역할을 한다. 예를 들어 상황이 좋거나 희망적인 방향으로 전개될 때, 우리의 감정은 이러한 상황을 그대로 반영하듯 긍정적인 감정들, 즉 만족감이나 즐거움 그리고 기쁨 등의 반응을 나타낸다. 반대로 상황이 견디기 힘들거나 절망적일 때는 우리의 감정도 그 상황을 초조함이나 분노 그리고 좌절 등으로 전달한다. 이러한 감정의 원리와 역할은 크리스천의 영적인 삶에서도 비슷하게 작용한다.

일반적으로 평안과 기쁨과 감사는 우리의 영적 여정이 올바른 길을 향해 가고 있다는 신호며, 반대로 불안과 근심과 불만은 그 여정이 어딘가 잘못된 길로 가고 있다는 신호다. 특히나 지나친 감정의 동요, 예를 들어 초조하거나 우울하거나 화가 난다는 것은 무언가 잘못된 방향으로 나아가고 있음을 알려 주는 감정의 적신호들이다. 또 한 가지 중요한 사실은 무관심도 감정의 상태 중 하나라는 것이다. 무관심은 건강한 감정의 결핍을 의미하며 또 감정의 전달조차 말라 버린 상태여서 때로는 부정적인 감정들보다 커다란 문제일 수 있다.

이러한 감정의 부정적인 상황을 겪을 때 사람들은 당연히 힘든 감정을 벗어나 삶의 회복을 이루기 원하고 시도한다. 세상 사람들에게도 그들 나름의 회복 방법이 있고 또 크리스천들에게도 그들만의 방법이 존재한다. 크리스천들이 부정적인 감정과 영적인 고갈 상태를 회복하기 위해 집회에 참석해 눈물을 흘려 보고 뜨거운 찬양에 몰입해 보기도 하지만, 많은 경우 일시적인 회복의 징후는 나타날지 몰라도 근본적인 치유를 얻지는 못한다. 왜냐하면 부정적인 감정들은 영적 상태에 대한 반응과 신호이지 그 자체가 문제의 근원이 아니기 때문이다. 정말 다루어야 할 부분은 감정이 아닌 영의 상태다.

감정의 적신호들은 자신의 영적 상태를 점검하라는 신호다. 그러므로 그 힘든 감정들 뒤에 감추어진 문제를 찾아내서 해결하지 않고 감정 자체만을 다루려는 시도는 거의 실패로 끝난다. 우리는 지배적으로 자신을 힘들게 하는 감정들을 통해 자신이 영적으로 어떤 문제에 부딪혔는지 또 어디에서 길을 잃었는지 알려는 노력을 해야 한다. 그래야 근본적인 치유와 회복이 가능하다. 또한 반드시 하나님을 찾아야 한다. 감정의 신호들이 전달하려는 영적 상태를 파악하려면 반드시 하나님의 말씀과 성령님의 인도하심이 있어야 한다.


## 말씀의 진단과 처방

몸이 병들어 정상적인 상태를 벗어나면 신체적으로 신호가 오듯이, 우리 영혼과 마음이 병들어 길을 잃고 방황하기 시작하면 그에 따른 감정의 반응들이 반드시 나타나게 되어 있다. 신체의 이상 신호가 의사를 찾아가도록 만드는 것처럼 부정적인 감정들은 영적으로 병들고 길을 잃었다는 신호며 우리 영혼의 의사이신 주님을 찾아가 말씀의 진단을 받으라는 신호다.

주님은 우리의 환부를 치료하는 의사이시며, 우리를 올바른 길로 인도하는 목자이시다. 그렇다면 우리 영혼의 의사이신 주님께 나아간다는 것은 구체적으로 무엇을 의미할까? 그것은 주님의 말씀으로 나아간다는 의미다. 하나님과 그분의 말씀은 동일한 존재며, 말씀이 육신이 되어 오신 분이 바로 예수님이기 때문이다(요 1:1, 14). 우리가 어떤 상태에 있든지 주님의 말씀은 우리 영혼과 마음의 상태를 정확하게 진단하실 뿐 아니라 그 아픈 상태를 치료하고 길 잃음의 방황에서 벗어나도록 인도하신다. 주님 안에 참된 길이 있고 그분의 말씀 안에 치유와 회복의 능력이 있다는 사실을 수없이 들어 왔을 것이다. 그런데 이 말씀의 진리가 어떻게 자신에게 실제적으로 도움이 될 수 있는지 모르고 사는 크리스천이 너무나 많다는 것은 참 안타까운 현실이다.

주님의 말씀은 막연하거나 감각적으로 대하고 받아들일 대상이 아니다. 주님의 말씀은 우리가 생각하는 것보다 훨씬 구체적이고 논리적이기까지 하다. 하지만 아직도 많은 크리스천은 자신이 믿는 말씀의 진리와 실체가 무엇이며 또 실제적으로 어떤 은혜와 능력이 있는지 잘 모르는 채 신앙생활을 해 나가려 한다. 우리 주위에는 습관적으로 길들여지고 전통적으로 짜인 신앙생활의 틀 안에서 열심을 내는 것이 신앙생활의 정답이라고 생각하는 사람들이 있다. 이것이 교회 안에서 가장 전형적인 길 잃음의 모습이다.

말씀의 은혜와 능력을 통해 깨닫는 기쁨과 삶의 내적 변화라는 생생한 체험이 없는 신앙생활은 길 잃음의 대표적인 경우다. 말씀을 통한 주님의 구체적인 인도하심과 회복하심은 우리가 예배에 참석한다거나 교회 공동체 안에 있다고 해서 저절로 일어나는 것이 아니다. 우리는 주님의 진리의 말씀이 어떻게 나의 삶에 구체적으로 적용되는지 알아야 한다. 아무리 약이 많아도 어느 병에 어떻게 쓰이는지 모른다면 약을 옆에 두고도 병을 키울 수 있기 때문이다.


## 길 잃음의 좀 더 구체적인 의미는?

신앙생활을 하면서 크리스천이 길을 잃는다는 것은 구체적으로 무엇을 의미할까? 어떤 상태를 길을 잃었다고 할 수 있으며 어떻게 하면 길을 되찾았다고 할 수 있을까? 도대체 우리가 가야 할 길은 구체적으로 어떤 길을 의미하는 것일까? 많은 사람이 주일이면 교회에 가지만 과연 주님이 인도하시는 길을 향해 나아가는 것이 무엇인지 제대로 알고 신앙생활을 하는 사람은 얼마나 될까? 정해진 시간에 정해진 장소에 가서 정해진 의식을 치르고 또 주중에는 성실하고 착하게 살려고 노력하지만, 과연 이것이 주님이 원하시는 신앙생활의 길과 일치할까?

이러한 의문은 한 가지로 요약할 수 있다. "나는 하나님을 향한 올바른 길을 가고 있는가?" 이러한 의문은 크리스천이라면 누구나 주기적으로 스스로에게 던져야 할 질문이다. 이러한 질문의 기회가 없다면 스스로가 만들어 낸 잘못된 확신 속에서 끝까지 착각하며 살아가야 할지도 모른다. 그렇다면 하나님을 향한 올바른 길을 가고 있는지 어떻게 점검할 수 있을까? 우리가 나아가는 길과 방향이 옳은지 아닌지 알려면 우선 올바른 길과 방향에 대한 이해가 있어야 한다. 올바른 길과 방향을 모르는 채 자신이 바른 길을 가는지를 알 수 없기 때문이다. 그렇다면 성경에서 말하는 올바른 길, 즉 하나님을 향한 길이란 무엇을 의미하는 것일까?

## 유일한 올바른 길: 복음

> 그리스도의 은혜로 너희를 부르신 이를 이같이 속히 떠나 다른 복음을 따르는 것을 내가 이상하게 여기노라. (갈 1:6)

사도 바울은 갈라디아서 1장에서 복음의 길을 이야기한다. 더불어 복음의 길을 속히 벗어나 다른 길(혹은 다른 복음)을 좇는 갈라디아 교인들을 향해 그들이 잘못된 길을 가고 있다고 경고한다. 결론부터 말하자면 복음은 기독교의 가장 핵심적인 진리며 더불어 가장 유일한 길이다. 그러므로 올바른 길이란 올바른 복음을 좇는 것을 의미하며, 잘못된 길이란 이 복음으로부터 벗어났거나 잘못된 복음을 좇는 것을 의미한다.

우리의 영적 여정에서 길을 잃거나 방향성을 상실한다는 것은 진리의 복음에서 이탈했음을 의미한다. 이것은 물론 이단을 좇는 것만을 의미하지 않는다. 심지어 일반적인 교회 안에서도 크리스천들이 복음을 벗어나거나 잘못된 복음을 좇는 것은 너무나 흔한 일이다. 그럴 수밖에 없는 것이, 교회에 열심히 다니지만 정작 자신이 믿는 복음에 대해 그것이 무엇이며 또 자신의 삶에서 어떤 역할을 하는지 구체적으로 아는 사람이 많지 않기 때문이다.

대부분의 크리스천이 어렴풋하게 안다는 가정하에 신앙생활을 하지만, 어렴풋하게 아는 것은 전혀 모르는 것보다 위험할 수 있다. 아예 모르면 알려는 노력이라도 하겠지만, 자신이 모른다는 사실 자체를 모르는 사람에게는 알려는 마음조차 생기질 않는다. 오묘하고 정교한 복음의 진리도 이와 마찬가지다. 제대로 모르면 심한 경우 아예 모르는 것보다 못한 것이 바로 복음의 진리다. 그러므로 우리는 성경이 말하는 복음이 무엇인지에 대해 확실히 알 필요가 있다.

## 복음이란 무엇인가?

성경의 여러 곳에서 복음을 설명하는 것을 찾을 수 있다. 그중 고린
도전서 15장을 보려고 한다.

> 형제들아 내가 너희에게 전한 복음을 너희에게 알게 하노니 이는 너희가 받은
>
> 것이요 또 그 가운데 선 것이라…내가 받은 것을 먼저 너희에게 전하였노니 이
>
> 는 성경대로 그리스도께서 우리 죄를 위하여 죽으시고 장사 지낸 바 되셨다가
>
> 성경대로 사흘 만에 다시 살아나사. (고전 15:1, 3-4)

사도 바울의 설명에서 보듯, 복음은 하나님의 아들 예수 그리스
도가 갈보리 언덕 십자가에서 죽으심과 다시 살아나심에 관한 것이
다. 우리의 죄를 대신하여 십자가에서 죽으심과 또 죽음을 이기고 하
나님 앞에 산 제물로 받아들여지신 부활이 곧 복음이다. 그리고 이
복음을 믿는 자는 누구나 죄를 용서받고 영생을 얻으며 부활의 몸을
약속받는다.

이 복음에 관해 우리가 가장 먼저 알아야 할 중요한 사실이 있다.
그것은 바로 복음이 전적으로 그리스도와 그분이 하신 일로 가득 차
있다는 사실이다. 복음에는 그리스도와 그분의 이루신 일 이외에 다
른 어떤 것도 들어 있지 않다. 바꿔 말하자면, 복음에는 인간의 노력
이나 공로가 조금도 들어 있지 않다. 이 복음만이 하나님과 인간을

연결하는 유일한 통로며, 오직 이 복음의 능력과 은혜 때문에 하나님은 우리를 당신의 자녀로 받아 주시고 우리는 그분 앞에 바로 설 수 있는 의인이 된다. 또한 이 복음에는 우리가 하나님께로부터 받고 누리는 모든 은혜와 복의 이유와 근거가 들어 있다.

복음 때문에 우리는 구원을 받았고 복음 때문에 천국에 간다는 확신을 갖는다. 또한 복음 때문에 하나님은 언제나 변함없이 우리를 사랑하시고 받아 주시고 당신의 자녀로 인정해 주신다. 우리가 하나님의 자녀로서 누리게 된 모든 것의 근거는 바로 이 복음, 즉 예수 그리스도와 그분의 십자가다.

이러한 사실은 무엇을 의미하는 것일까? 그것은 크리스천의 삶을 지탱하는 것이 근본적으로 나의 노력이 아니라 오직 예수 그리스도께서 십자가에서 죄인들을 위해 이루신 은혜라는 사실이다. 따라서 스스로의 노력을 통해 하나님과 더 좋은 관계를 맺거나 그분의 인정과 축복을 더욱 확실히 하려는 것은 복음을 벗어난 길이다.

하나님 앞에 바로 서려고 노력한다는 말이 사람의 귀에는 겸손하게 들릴지 모르지만 하나님 앞에는 교만한 생각이다. 믿는 자들은 예수 그리스도의 은혜와 공로를 통해 이미 하나님 앞에 바로 서 있으며, 이것을 깨달을 때 바로 선 자로서의 삶을 살아갈 수 있다. 우리의 순종과 열심은 복음의 은혜의 결과이지 절대로 하나님의 은혜와 축복의 원인이 될 수 없다. 모든 은혜와 축복의 근거는 이미 예수 그리스도의 복음을 통하여 이루어졌다.

복음이라는 단어의 뜻을 생각해 보자. 복음이라는 단어는 좋은 소식(Good News)을 말하는 것이지 지켜야 할 좋은 규칙(Good Rules)을 말하는 것이 아니다. 일반적으로 소식은 이미 이루어진 사실을 알리는 것이다. 우리가 복음을 좋은 소식이라고 부르는 이유는 하나님과 나 사이를 연결하는 축복의 통로가 예수 그리스도를 통해 이미 이루어진 역사적 사실이라는 것을 의미한다. 하나님과 죄인인 인간이 관계를 맺는 데 필요한 모든 것을 이미 그리스도께서 십자가의 복음을 통해 이루셨다. 이 복음을 믿는 우리가 하나님이 기뻐하시는 봉사와 섬김의 삶을 사는 것은 이미 주어진 하나님의 은혜에 대한 감사의 반응이지 그분의 은혜와 축복을 더 얻으려는 노력이 될 수 없다. 복음의 은혜를 깨달은 사람들은 더 이상 두려움이나 의무감 때문에 하나님을 섬기는 것이 아니라 받은 은혜가 너무나 감사해서 자발적으로 섬기는 것이다.

복음에 담겨 있는 모든 의미와 축복을 깨닫는 일은 우리가 평생을 통해 누려야 할 특권이며 또 평생을 깨달아도 다 깨달을 수 없는 보물과 같다. 복음을 믿는 가운데 우리는 신분적으로 의로워졌고 또 더 나아가 하나님의 은혜의 약속들을 받아 누릴 수 있는 자격이 주어졌다. 이 엄청난 은혜와 축복이 나의 행위나 노력과 무관하게 오히려 나의 모든 잘못과 허물에도 불구하고 하나님의 은혜를 따라 일방적으로 주어진 것이다. 따라서 복음의 의미를 표현하자면 이렇게 정의할 수 있다. "그렇게 하셔야 할 의무가 없는 하나님이 받을 자격이 없는 죄인들에게 자기 아들의 희생을 통해 일방적으로 베푸신 믿기 어려운 은혜"가 바로 복음이다.

따라서 신앙생활의 핵심은 복음의 은혜와 능력을 알아 가고 삶에 적용해 나가는 일이다. 이 일은 크리스천에게 그 어떤 것보다 중요하다. 이것이 신앙생활의 유일한 길이다.


## 복음을 벗어남: 길을 잃게 되는 이유

이제 신앙생활의 올바른 길이 무엇인지에 대한 감을 잡았다면 길 잃음에 대한 정의와 개념도 그만큼 분명해졌을 것이다. 복음이 올바른 길이라면 그 길에서 벗어나는 것은 길을 잃는 것이다. 그리고 복음을 벗어난다는 것은 예수 그리스도의 은혜의 복음 이외에 인간적인 다른 노력들을 바탕으로 하나님과의 관계를 설정하려는 것을 의미한다. 사도 바울은 이를 "다른 복음"이라고 부른다(갈 1:6-9).

앞서 복음이 예수 그리스도가 십자가에서 이루신 일로 가득 차 있다고 설명했다. 따라서 다른 복음이란 예수님이 이루신 복음에 인간의 노력을 끼워 넣는 것이다. 예수님의 십자가 공로를 부인하거나 거부하지 않더라도 그 속에 무언가 자신의 노력을 끼워 넣어서 하나님과 자신의 관계를 설정하거나 개선하려는 모든 노력은 다른 복음을 좇는 형태다.

예를 들어 교회 봉사에 대한 열심이나 도덕적인 삶 등을 통해 하나님께 더 인정받고 복을 얻으려고 한다면, 이것은 이미 예수 그리스도의 복음을 벗어나 다른 복음을 좇고 있는 것이며 길을 잃은 상태다. 주일을 지키고 헌금을 드리고 봉사하는 열심을 통해 하나님이 나를 더 인정하시고 내게 더 복 주실 거라고 생각한다면, 이러한 접근은 복음의 은혜를 따라 하나님께 나아가는 삶이 아니다. 오히려 올바른 길을 벗어나 길을 잃은 상태다. 우리가 하는 모든 봉사와 섬김의 이유와 근거는 바로 복음을 통해 이미 주어진 하나님의 용서와 받아주심과 인정의 은혜와 축복 때문이어야 한다.

기억하기 바란다. 하나님은 나의 노력이나 의로움 때문에 나를 구원하신 것도 나를 받아들여 주신 것도 아니다. 우리가 하나님을 예배하고 물질을 드리고 섬기는 것은 이미 받은 그분의 은혜에 대한 당연한 반응이며 믿음의 자연스러운 결과이지, 그 자체가 우리를 하나님께 더 가까이 가게 하거나 인정받도록 하는 수단은 아니다. 하지만 불행하게도 우리 주위에는 스스로의 노력과 공로를 통해 자신이 하나님께 더 가까이 나아가고 있으며 또 그분의 은혜와 축복을 더 받을 것이라고 착각하며 신앙생활을 하는 사람들이 있다. 또 한편으로는 하나님으로부터 버림받거나 벌을 받을지 모른다는 두려움 때문에 맡겨진 일들을 열심히 하려고 발버둥치는 사람들도 있다. 이 두 가지 모두 복음의 은혜를 벗어난 것이며 다른 복음을 좇는 형태다.

하나님이 우리를 받아 주시는 이유는 항상 예수님의 십자가 때문이며, 바로 이 동일한 십자가 때문에 하나님은 절대로 우리를 버리거나 미워하시지 않는다(히 13:5). 십자가의 전적인 은혜를 벗어나 인간의 노력과 행위의 훌륭함이나 부족함 때문에 우리를 향하신 하나님 사랑의 온도가 올라가거나 내려갈 수 있다고 생각한다면, 그것은 복음의 은혜에 대한 무지에서 비롯된 것이다.

이러한 상태에서 신앙생활을 하는 사람은 주로 교만과 두려움 사이를 왕래하게 된다. 하나님이 자신의 뜻대로 움직여진다고 생각될 때는 스스로의 노력에 대한 교만한 마음이 생길 것이다. 하지만 반대로 자신의 부족함과 죄 때문에 하나님이 자신의 인생을 망치실 것이라는 생각이 들 때는 두려움을 갖게 될 것이다. 이러한 두 가지 마음 상태, 즉 교만과 두려움은 얼핏 서로 상반된 마음 상태처럼 보이지만 그 뿌리는 하나다. 교만과 두려움 둘 다 인간적인 노력을 통해 하나님을 조종하려는 길 잃음의 신앙생활에서 나타나는 감정의 신호들이다.

나의 노력이 충분하다고 느낄 때는 하나님도 내가 원하는 쪽으로 움직이셔야 한다고 생각한다. 반대로 나의 노력이 부족하다고 생각될 때는 하나님이 나를 벌주시거나 내가 원하는 것을 막거나 빼앗아 가실까 봐 두려워한다. 이렇듯 하나님을 향한 자신의 노력이 성공하고 있다거나 실패하고 있다는 생각의 차이는 있을지 몰라도, 둘 다 예수 그리스도가 아니라 자신을 바라보는 길 잃음의 상태인 것은 마찬가지다.

이렇듯 하나님이 내가 원하는 것을 주시도록 또는 그 반대로 내가 원하지 않는 일을 못 하시도록 하려는 우리의 노력이 복음을 거부하는 것이며 길 잃음의 대표적인 사례다. 이러한 삶의 접근에는 복음의 은혜나 그 은혜에 대한 확신과 믿음이 설 자리가 없다. 또한 하나님과의 올바른 관계에서 나오는 기쁨이나 사랑에 대한 확신 그리고 평안이 존재할 수 없다. 왜냐하면 아무리 노력해도 하나님이 충분히 만족하실지 확신할 수 없기 때문이다. 혹시 그런 경지에 이르렀다는 착각이 잠깐이라도 든다면 그것은 대단한 교만일 뿐이다.

이러한 노력으로 신앙생활을 하다가 점점 삶이 메말라 가며 하나님이 원하시는 사랑과 평강의 모습보다 권위적이고 교만한 종교인의 모습으로 변해 가는 사람들을 우리는 주위에서 흔히 볼 수 있다. 이들은 스스로의 노력과 열심이 하나님께 먹혔다고 착각한다. 아니면 정반대로 신앙생활을 포기하고 심지어 교회를 떠나는 사람도 간혹 있다. 그렇게 열심히 하나님을 위해 노력하고 봉사하고 시간과 물질을 드렸는데 하나님은 내가 원하는 것을 주시지 않았기 때문에 더 이상 하나님과의 관계를 맺는 것이 무의미해진 것이다. 이들은 이렇게 항변한다. "제가 이렇게까지 하나님께 최선을 다했는데 어떻게 저에게 이러실 수 있나요? 제가 원하는 것을 주시기는커녕 오히려 저를 실망시키셨잖아요?" 그리고 그 불만은 시간이 지날수록 내적인 분노로 변해서 하나님을 사랑하는 것은 고사하고 오히려 마음을 굳게 닫

아 버리기까지 한다.

물론 둘 다 하나님을 향한 합당한 항변이 아니다. 모두 하나님의 은혜와 사랑에 대한 무지와 오해로부터 생겨난 것이다. 하나님이 우리를 사랑하시는 이유는 처음부터 끝까지 예수님의 죽으심과 부활하심의 복음 때문이다. 우리의 노력으로 하나님을 조종할 수 있다는 생각 자체가 이미 복음이 아닌 인간의 교만이다.

예수 그리스도의 복음에 나의 노력과 공로를 끼워 넣으려는 인간적인 시도가 노력한 만큼 보상받는다는 사람의 논리에는 당연하게 보일 수 있겠지만, 하나님께는 그분의 사랑과 예수님의 희생을 깎아내리는 모독일 뿐이다. 이러한 노력을 통해 결과적으로 하나님을 향해 이렇게 말하는 것과 마찬가지다. "하나님, 주님의 사랑에 감사합니다. 하지만 예수님의 공로만으로 제가 하나님의 은혜 안에 거한다는 사실이 좀 불안해서 저의 노력을 보태려고 합니다. 하나님도 저의 노력과 열심을 어여삐 보아 주시리라 생각합니다." 그러나 이러한 접근은 예수님의 십자가의 완전성과 완벽성에 대한 모독이며 하나님의 신실하심을 믿지 않는 불신앙이다.

그렇다면 우리는 봉사하거나 하나님을 섬기는 삶을 살려고 할 필요가 아예 없는 걸까? 내 마음대로 살아도 되는 걸까? 성경 말씀은 주님을 위해 열심을 내서 살라고 가르치지 않는가? 물론 그렇다. 그러나 오직 한 가지 조건과 상황 속에서, 즉 복음의 길 위에서 그렇게 살라는 것이다.

## 복음과 내적 동기

하나님을 섬기는 겉모습만으로 그 사람이 복음의 올바른 길 위에 있는지 길을 잃은 상태에서 열심만 내는지 구분하기란 쉽지 않다. 그 근본적인 차이가 외형적인 행위에 있는 것이 아니라 내면적인 동기에 있기 때문이다.

하나님을 섬기는 인간의 내면에는 크게 두 가지 동기가 존재한다. 첫째는 복음을 바탕으로 한 동기다. 복음을 통한 하나님의 은혜가 감사해서 하나님을 섬기는 것이 이에 해당한다. 둘째는 종교적인 동기다. 이것은 나의 노력을 통해 하나님께 인정받고 복을 받으려는 것이다.

복음의 잠재적 동기는 "하나님은 나를 그리스도 안에서 이미 받아들이고 인정하셨다. 그러므로 나는 하나님께 순종하고 하나님을 섬긴다"이다. 하지만 종교적 동기는 "내가 하나님을 섬기기 때문에 하나님이 나를 인정하고 축복하셔야 한다"이다. 사도 바울도 자신의 서신들에서 종교적인 사람들과 복음중심적인 사람들의 근본적인 차이를 보여 준다. 종교적인 사람들은 하나님께 받아들여지기 위해 율법을 지킨다. 반면에 복음중심적인 사람들은 자신이 하나님께 이미 받아들여졌다는 사실에 감사하여 하나님의 법을 지킨다.

교회 안에서 우리는 흔히 이 두 부류의 사람들을 만날 수 있는데, 재미있는 사실은 시간이 흐를수록 그 내면의 차이가 확연해진다는 것이다. 종교적인 동기로 신앙생활을 하는 사람들은 노력을 하면 할수록 마음과 영혼이 차갑고 메말라 가지만, 복음의 은혜를 깨닫는 삶을 사는 사람들은 더욱 하나님의 은혜에 감동받으며 자발적으로 하나님을 섬기려 한다.

종교적인 사람은 자신의 노력이 성과를 발휘한다고 생각할 때 우월감과 자신감을 갖게 된다. 하지만 반대로 자신의 노력에도 불구하고 하나님이 자기가 원하는 것들을 주시지 않거나 주위 사람들로부터 원하는 만큼의 인정과 주목이 주어지지 않는다고 생각할 때는 하나님과 주위 사람들을 향해 불만과 심지어 노여움을 품게 된다. 자신의 열심을 통해 하나님께 복을 받고 사람들로부터 인정받으려는 욕구가 충족되지 않으면 이들은 점점 굳은 영혼이 되어 간다.

반면에 복음중심적인 사람은 하나님과의 관계에서 날마다 더해지는 은혜를 깨닫는다. 자신의 노력과 관계없이 주어지는 하나님의 절대적인 은혜와 사랑에 감동받고 그 속에서 자유함을 누리는 가운데, 마음이 점차 부드러워지고 은혜에 녹아 만족과 감사가 가능한 영혼이 되어 간다.

종교적인 사람은 이렇게 말한다. "이건 너무 불공평해. 아무리 노력해도 하나님이 나를 인정하고 받아 주신다는 확신이 안 생기니." 그러나 복음중심적인 사람은 이렇게 말할 것이다. "이건 너무 공평하지 않아. 나의 온갖 잘못과 허물에도 하나님이 나를 항상 인정하고 받아 주시니." 어느 쪽이 더 자발적으로 열심히 하나님을 섬기겠는가? 처음에는 종교적인 사람들이 더 열심을 내는 듯 보일지 모르지만, 결국에는 복음을 바탕으로 사는 사람이 하나님을 더욱 진심으로 사랑하고 섬기게 된다.


## 길 찾음: 복음으로 돌아감

지금 당신의 마음속에 '나도 종교적인 삶을 살 때가 많은데'라는 생각이 든다면 낙심하지 말기 바란다. 이는 결코 당신만의 문제가 아니다. 복음을 벗어나 종교적인 삶을 추구하는 것은 누구에게나 나타나는 일반적인 현상이다. 인간이라면 누구나 종교적 본능을 갖고 있기 때문에 늘 올바로 복음을 좇아 산다는 것은 결코 쉬운 일이 아니다.

사람들은 자주 복음의 궤도에서 벗어나 종교적인 모드나 그와 비슷한 또 다른 잘못된 길에 들어서기를 반복한다. 우리 주위에는 현재의 신앙생활 패턴을 유지하자니 힘겹고 또 회피하고 도망가자니 혹시 벌을 주시지 않을까 하는 두려움에 이러지도 저러지도 못하며 힘들어하고 방황하는 영혼들이 있다.

만일 이런 형편에 처했다면 해결책은 분명하며 오직 한 가지다. 복음으로 돌아가라. 되도록 빨리 돌아가라. 그렇지 않으면 시간이 지날수록 영혼에 더 큰 상처와 괴로움만 더할 뿐이다. 물론 복음으로 돌아가 본 경험이 없는 사람에게는 복음으로 돌아간다는 것이 말처럼 쉽지 않을 것이다. 그러나 이제 이어지는 장들에서 구체적인 길 잃음의 종류와 돌아가는 방법을 살펴보며, 메마름에서 기름짐으로 불안에서 평강으로 패배에서 승리로 돌아가는 길을 그리스도 안에서 다시 발견하기를 바란다.

## 정리 하기

1. 복음은 오직 예수 그리스도에 관한 것으로 가득 차 있다(고전 15:1, 3-4).

2. 인간은 오직 예수 그리스도께서 이루신 복음의 은혜를 통해 하나님과의 관계를 올바르게 맺고 유지할 수 있다(엡 1:3-7).

3. 복음에 인간의 행위나 노력을 집어넣으려는 모든 시도는 복음을 왜곡하고 모욕하는 일이고 신앙생활에서 길을 잃는 첩경이다(갈 1:6-8).

4. 평강, 기쁨, 만족의 감정 신호들은 복음의 올바른 길을 걷는다는 사인이고, 초조, 불만, 우울, 분노의 감정 신호들은 길을 잃었다는 사인이다.

5. 예수 그리스도의 복음과 그 은혜에 감사하는 신앙생활은 복음중심적인 동기에 의한 것이고, 인간적인 노력과 행위로 하나님을 내가 원하는 쪽으로 조종하려는 신앙생활은 종교적인 동기에 의한 것이다.

## 생각 하기

1. 복음은 무엇이며 또 어떤 특징을 지니는가?

2. 신앙생활에서 복음의 역할은 무엇인가?

3. 신앙생활 가운데 길을 잃는다는 것은 근본적으로 어떤 상태를 의미하는가?

4. 복음중심적인 동기와 종교적인 동기의 차이점은 무엇인가?

5. 종교적인 동기로 신앙생활을 한 적이 있는가? 어떤 경우였으며 어떤 결과를 가져왔는가?

# 4.

우상:
길 잃음의 가장 커다란 이유

> 너는 나 외에는 다른 신들을 네게 두지 말라. 너를 위하여 새긴 우상을 만들지 말
>
> 고…그것들에게 절하지 말며 그것들을 섬기지 말라. (출 20:3-4a, 5a)

태석 씨는 성경을 읽다가 구약의 이스라엘 백성이 우상숭배하는 장면을 목격할 때마다 고개를 갸우뚱거리며 어이가 없어집니다. '아무리 그래도 그렇지 하나님의 백성이라는 사람들이 어떻게 금과 쇠붙이와 돌과 나무로 만든 우상에게 절할 수 있었을까? 다른 죄를 짓는 것은 이해가 되지만 어떻게 사람이 만든 것들에 절을 하면서 십계명의 첫 번째와 두 번째 계명을 어길 수 있었을까? 그러니까 당연히 벌을 받고 나라를 빼앗기고 남의 나라로 끌려가는 고통과 수치를 당할 수밖에….'

한편으로 태석 씨는 자신이 신약 시대에 태어나서 예수님을 믿게 된 것이 참 다행이라고 생각합니다. 적어도 신약 시대에는 하나님을 믿는다는

사람들이 우상단지를 가져다 놓고 절하지는 않는다고 생각하기 때문입니다. 우상숭배는 과거의 원시적인 무지 속에서 행해진 죄이기 때문에 현대의 크리스천들과는 별로 상관없는 일이라 생각합니다. 그래서 다른 것은 몰라도 우상숭배에 관해서만큼은 신경을 쓰거나 조심할 필요가 거의 없다고 안심합니다. 그러던 어느 날 태석 씨는 신약성경의 요한일서를 읽던 중 이상한 구절 하나를 발견합니다.

**자녀들아 너희 자신을 지켜 우상에게서 멀리하라.** (요일 5:21)

태석 씨는 이 말씀을 이해할 수가 없습니다. '왜 갑자기 요한일서 마지막에서 요한은 이런 명령을 하는 것일까? 초대교회의 크리스천들도 우상에게 절을 했었단 말인가?' 태석 씨는 궁금증을 풀 길이 없습니다. 태석 씨에게 우상은 사람의 손으로 만든 신들의 형상이기 때문입니다.


## 우상숭배란?

아이돌 스타. '우상'이라는 단어는 연예인이나 스포츠 스타들을 묘사하는 단어로 우리의 일상에 자리 잡은 지 오래다. 사람들은 대중의 인기를 많이 받는 스타들을 우상화하고 그들의 공연을 보러 다니며 그들을 화제로 삼아 대화하고 또 그들의 사진을 수집한다. 이러한 대중스타들을 우상처럼 따라 다니는 사람들의 마음은 자신이 좋아하는 스타가 무슨 음식을 좋아하는지 어떤 옷을 즐겨 입는지 이번 주 인기 순위는 어떻게 되는지 등 스타들에 관한 것으로 가득하다.

사람이라면 누구나 자신이 추구하고 섬기는 우상을 가지고 있기 마련이다. 연예인이나 스포츠 스타가 아니어도 말이다. 여기서 말하는 '누구나'는 종교인과 무신론자를 구별하지 않는다. 물론 크리스천도 예외는 아니다. 우상의 정의를 제대로 안다면 상황은 좀 더 분명해질 것이다.

우상이란 돌이나 나무로 깎아 만든 신들의 형상만을 의미하는 것이 아니다. 눈에 보이든 보이지 않든, 우리 마음에서 하나님의 궁극적인 자리를 차지하는 모든 것이 우상이다. 구약 시대의 우상들이 눈에 보이는 신들의 형상이었다면 오늘날 우리가 섬기는 우상들의 상당수는 마음속에 존재하는 눈에 보이지 않는 것들이다. 또한 과거의 우상들이 단순히 사람이 만든 형체를 지닌 것이었다면, 오늘날의 우상들은 그보다 훨씬 복잡하고 미묘하다.

사람들이 섬기는 대표적인 우상에는 돈, 성공, 인정받음, 외모, 인기, 명예, 존경, 영향력 등 다양한 종류가 있다. 이러한 우상들은 하나님을 믿는 크리스천의 마음속에서도 하나님의 자리를 차지하고 삶을 정신적으로 또 정서적으로 조종한다.

마음으로 섬기는 우상들의 종류는 다양할지 몰라도 그 역할과 기능은 거의 비슷하다. 우상이란 바로 이것만 얻을 수 있고 이룰 수 있다면 내 인생이 획기적으로 달라질 거라고 믿는 그 무엇이다. 사람이라면 삶에서 하나님 이상으로 갈망하는 것들을 최소한 한두 가지 이상 가진다. 자신의 우상이 실현되는 꿈을 꾸고 살아가면서, 한편으로는 그것들이 이루어지지 않을까 봐 걱정하고 안달하기도 한다.

사실 갈망은 우리에게 우상의 역할을 하고 있을 뿐, 그 자체가 반드시 나쁜 것은 아니다. 그래서 때로는 오히려 긍정적인 것들이 우상으로 변질되기도 한다. 성공하고 성취하려는 욕구 자체가 꼭 나쁜 것은 아니다. 하지만 그러한 욕구가 삶의 최고 자리를 차지하고 강하게 그리고 실제적으로 삶을 지배하면 우상이 되는 것이다. 그 자체로는 아무리 좋은 것이라도 창조주 하나님의 자리를 차지하면 우상이 되고야 만다. 16세기 종교개혁을 이끌었던 인물인 존 칼뱅(John Calvin)은 크리스천들이 섬기는 우상을 이렇게 정의했다.

우리 마음속의 우상과 그 악의 정체는 우리가 무언가를 원하는 그 자체가 아니라 그것을 너무나 지나치게 원하는 데 있다.

돈, 직업, 성취, 결혼, 휴식, 오락, 음식, 친구, 연인 등은 하나님이 우리에게 누리라고 주신 선물 같은 존재들이다. 하지만 하나님이 주신 선물이라 해도 이를 지나치게 원하고 갈망하기 시작하면 결국 우상이 되고야 만다. 입으로는 하나님이 나의 유일한 신이라고 고백

할지 모른다. 하지만 실상은 매일의 삶 속에서 내가 가장 신경 쓰고 집착하는 그 무엇이 나의 감정과 생각과 삶을 지배하고 통제하는 실제적인 하나님 역할을 한다. 이러한 우상들의 존재와 그 위험에 대해 사도 바울은 이렇게 말한다.

> 이는 그들이 하나님의 진리를 거짓 것으로 바꾸어 피조물을 조물주보다 더 경배하고 섬김이라. (롬 1:25)

피조물인 세상의 것들에 나의 마음과 신경이 온통 집중되어 조물주이신 하나님보다 관심을 갖고 신경을 쓰고 추구한다면, 이미 우상숭배가 나의 삶 가운데 자리 잡았다는 증거다. 결론적으로 말하자면 우리 중 이러한 우상숭배로부터 자유로운 사람은 없다. 우상숭배의 죄는 인간의 역사 속에서 어떤 형태로든 늘 존재한다. 그래서 우상숭배는 성경에서 가장 많이 언급되는 죄다. 그 이유는 죄의 본성을 지닌 인간의 마음이 끊임없이 우상들을 만들어 내기 때문이다. 칼뱅은 "인간의 마음은 우상을 만들어 내는 공장이다"라고 하였다. 따라서 문제는 우리가 우상을 섬기고 있느냐가 아니라 오히려 어떤 우상들을 얼마나 어떻게 섬기고 있느냐다.

우상을 쉽게 말하자면 "매일의 삶 가운데 가장 갈망하는 것들"이다. 우리는 이를 소망이나 꿈, 목표나 야망이라고 부르기도 한다. 하지만 우리의 삶을 정서적으로 정신적으로 지나치게 조종하기 시작할 때 이러한 긍정적인 소망은 갈망을 거쳐 우상으로 전락한다. 마음속의 성전에서 하나님이 아닌 다른 것들을 섬기는 것이다.

내가 지나치게 갈망하는 것들이 하나님 대신 마음의 가장 중요한 자리를 차지하기 시작하는 초반에는 삶에 활력이 생기고 열정이 솟아오르기도 한다. 마음의 상상이 저절로 나의 갈망들을 찾아가며 그리고 그것들이 이루어질 날을 상상하면서 가슴이 부풀기까지 한다. 자신의 꿈이나 성공을 꿈꾸고 갈망하는 상태는 대부분 이렇게 시작된다. 하지만 이러한 감정은 그리 오래가지 못하기 십상이다. 하나님을 마음의 중심에 두지 않고 이런 갈망들을 제어하지 않으면 어느새 그 갈망들은 우상이 되어 버린다.

활력과 열정의 삶이 초조와 불안으로 바뀌는 것은 시간문제다. 자신이 갈망하던 것들이 서서히 자신을 옭아매고 마음을 조인다. 내 마음대로 이루어지지 않을까 봐 초조해지고 때로는 그 갈망들을 방해하는 상황이나 사람들 때문에 힘들어하고 심지어 분노를 느끼기도 한다. 단지 소망하는 상태에서는 괜찮았는데, 그 소망들이 나의 궁극적인 갈망이 되고부터는 점점 피곤하고 짜증나고 초조하고 화가 나기 시작한다. 이렇듯 건전한 소망들도 너무나 쉽게 우상으로 전락해 버린다. 그 전에는 삶에 활력을 주었던 갈망들이 이제는 힘과 에너지를 소진시키는 주된 원인이 된다. 그리고 바로 이 우상들 때문에 정서적, 정신적, 영적으로 괴로워하며 평강이 없이 염려와 초조 그리고 심지어 분노의 삶을 살게 된다.

## 우상숭배의 피해

구약의 이스라엘 백성은 하나님으로부터 젖과 꿀이 흐르는 가나안 땅을 약속받았다. 가나안 땅은 안식의 땅이었으며 광야를 벗어난 이스라엘 백성이 풍요와 평강의 삶을 살도록 마련된 땅이었다. 하지만 하나님을 믿는 가운데 이 약속의 땅에서 안식을 누려야 할 이스라엘 백성이 실상은 안식과 먼 삶을 살게 된다. 그 이유는 이스라엘 백성이 하나님을 전적으로 믿지도 의지하지도 않고 가나안 땅의 이방신들을 그 땅의 이방인들과 함께 섬겼던 우상숭배의 죄 때문이다.

현대를 살아가는 우리도 이처럼 하나님 아닌 세상의 것들을 우상으로 섬기기 때문에 쉼이 없고 자주 초조하고 피곤해진다. 겉으로는 하나님을 믿는다고 하지만 실제로는 하나님을 자신의 우상을 이루는 데 필요한 수단쯤으로 여기기 때문에, 하나님을 전적으로 믿는 삶에 나타나는 만족과 평강과 기쁨의 열매가 거의 맺히질 않는다. 오히려 우상들을 향한 갈망이 하나님을 향한 실망으로 이어질 때가 많다 (약 4:1-4). 우상을 좇는 삶을 살게 되면 쉴 시간이 주어져도 쉬지 못하는 경우가 허다하다. 몸은 쉬고 있는데 마음은 더 피곤한 상태가 자주 찾아온다. 우상들은 우리가 끊임없이 자기들을 좇느라 마음에 안달이 나도록 쉴 틈을 주지 않는다. 우리는 우상을 손에 넣어 인생의 영광과 활력을 찾고 싶지만, 우상은 좇으면 좇을수록 더욱 우리 삶을 피곤하고 황폐하게 만든다. 그 이유는 우상을 손에 넣을 때 찾아올 거라고 믿는 만족과 쉼이 우상숭배가 만들어 낸 헛된 환상과 속임수이기 때문이다.

우상은 만족과 쉼을 주기는커녕 우리를 쉴 수 없는 노예로 만든다. 우상은 우리를 이렇게 닦달한다. "뭐하고 있는 거야. 나를 소유하려면 부지런히 움직여야지. 그렇게 가만히 있다가는 나를 얻지 못하고 인생의 낙오자가 되고 말거야. 그러면 남들이 뭐라고 비웃겠어. 그러니 뭔가 해 봐, 이 패배자야!" 이렇듯 처음에는 내가 우상들을 선택하지만 나중에는 그 우상들이 나의 삶을 점령하고 지배하는 폭군이 된다. 이것이 바로 오늘날 많은 크리스천이 하나님의 평강과 쉼을 누리지 못하는 가장 주된 이유다.

## 우상 뒤의 우상

우상과 우상숭배의 실체를 알아 갈수록 처음에는 단순하게 발견될 것 같은 우상들이 실제로는 아주 깊고 복잡한 형태를 지니고 있다는 사실을 깨닫게 된다. 우상에는 좀 더 쉽게 드러나는 표면적인 우상과 깊이 숨어 있는 우상이 있기 때문이다. 예를 들어 돈에 대한 집착은 아주 흔한 표면적 우상이다. 하지만 돈에 대한 집착만으로 그 사람이 섬기는 우상을 다 안다고 말하기는 어렵다. 돈에 대한 집착 이면에는 더 복잡한 우상이 존재할 수 있기 마련이다. 돈을 통해 남들의 인정을 받으려는 인정받음의 우상이 존재하거나, 자신의 세계를 만들고 지배하려는 권력의 우상이나 안락한 삶을 보장받으려는 안락의 우상이 있을 수 있다.

또 다른 경우에는 표면적으로는 우상숭배의 모습을 하고 있지 않더라도 그 이면에 우상이 숨어 있을 때도 있다. 교회에서 열심히 봉사하는 사람의 예를 들 수 있다. 열심이 특심하여 봉사하는 사람이라고 해서 무조건 하나님을 온전히 섬긴다고 볼 수는 없다. 마음의 숨은 동기가 우상인 경우도 허다하기 때문이다. 봉사의 이면에 하나님을 향한 믿음과 감사의 마음이 아니라 사람들에게 인정받고자 하는 욕구가 동기로 자리한다면 그것은 또 다른 우상이다.

이렇듯 표면적인 우상들은 물론, 겉으로 훌륭해 보이는 행동 뒤에도 우상들이 숨어 있을 수 있다. 이러한 숨은 우상을 찾아내기 위해서는 표면적인 행동 뒤에 있는 마음의 동기를 알아야 한다. 우상의 진정한 모습과 그 뿌리를 알려면 자신의 행동에 대한 진정한 동기를 알아야 한다. 자신이 어떤 우상을 마음으로 섬기고 있는지 아는 것은 크리스천의 삶에서 매우 중요한 과정이다. 우상들 때문에 영적으로 길을 잃고 있는 자신의 위치를 알아내야만 바른 길로 되돌아갈 희망이 생길 수 있다. 우상의 진정한 모습을 알아야 주님께 회개하고 그 우상들을 제거하는 치료를 받을 수 있다.

사람들이 섬기는 대표적인 표면적 우상에는 돈, 성공, 사업, 특기나 재주, 사역(교회 사역도 우상이 될 수 있다) 등이 있다. 더 깊숙한 우상에는 인정이나 존경을 받으려는 욕구, 인기에 대한 갈망, 안락한 삶, 주위 사람들이나 상황을 지배하려는 집착 등이 있다. 그렇다면 마음의 숨은 동기는 어떻게 찾아낼 수 있을까? 겉으로 나타나는 우상의 이면에 있는 숨은 동기를 알아내려면 스스로에게 다음과 같은 질문을 진지하게 해 보아야 한다. "나는 왜 ○○○을 열심히 하고 있는가?" "나는 왜 ○○○에 지나치게 신경을 쓰는가?" "나는 언제 불안하고 화가 나는가?"(우상을 얻을 수 없을 때 대부분 불안해지거나 화가 나기 때문이다) 때로는 진지하게 이런 질문을 던지고 나의 숨은 우상을 찾도록 도와줄 상담자가 필요할 것이다.

## 우상숭배를 하는 가장 깊숙한 마음의 동기

우리가 섬기는 표면적 우상들 뒤에 깊숙하게 숨어 있는 우상들은 결국 한 가지 우상으로 집결된다. 바로 자기 자신이다. 자신의 목적과 갈망을 이루어서 궁극적으로는 자신이 영광을 취하고 싶은 욕망이 인간의 가장 근본적인 우상이다. 인간의 죄의 본성과 그에 따른 우상숭배의 뿌리는 결국 스스로가 하나님의 자리를 차지하고 싶은 것이다. 자신이 높아지고 남의 시선을 끌어서 영광을 얻고 누리고 싶은 욕망이 가장 깊숙한 곳에 자리 잡는 우상이다.

아담과 하와가 선악을 아는 열매를 따 먹은 근본적인 이유도 하나님처럼 될 것이라는 사탄의 꾐 때문이었다(창 3:5). 아담과 하와의 원죄를 물려받은 인류는 그들이 갈망했던 것과 동일한 욕망 때문에 매일 씨름하며 살아간다. 인간은 끊임없이 자신의 노력과 성취를 통해 하나님께 속한 영광과 높임을 차지하려는 우상적 갈망과 씨름하며 살아간다. 따라서 사람들이 섬기는 다양한 종류의 우상은 이 영광과 높임을 얻기 위해 각자가 선택한 통로다.

교회생활을 하다 보면 납득하기 힘든 일들이 종종 생긴다. 평소에 아주 열심이고 헌신적으로 보이던 사람들이 교회 안의 문제와 갈등의 원인이 될 때가 드물지 않다. 교회에서 문제를 일으키는 사람들을 잘 살펴보면 조용하고 소극적인 사람보다 대체로 적극적이고 열심인 사람들이다.

왜 하나님을 향한 열심과 열정이 많은 사람들에 의해서 문제가 생기고 교회가 갈라지는 것일까? 마음의 동기가 잘못되었기 때문이다. 겉으로 보기에는 너무나 열심이어서 사람들도 이들의 노력을 인정하고 추켜세우지만, 이들의 열심 이면에는 숨은 동기가 존재할 수 있다. 그리고 문제를 일으키는 사람들의 열심 뒤에 숨은 동기는 하나님을 향한 순수한 동기라기보다 자신이 섬기는 우상일 때가 많다. 겉으로는 아무리 열심히 기도하고 봉사하고 교회를 섬겨도 안으로는 스스로 인정받고 높아지려는 우상이 섬김의 주된 동기가 되기 때문이다.

열심이라는 겉모습은, 사람들에게 칭찬받을지는 몰라도, 종교라는 이름으로 포장된 자기영광의 추구일 수가 있다. 종교적인 열심을 통해 자신의 의로움을 이루고 하나님께 인정받고 사람들에게 영광을 취하려는 동기가 존재하는 한 올바른 신앙의 섬김이 될 수 없으며, 결국에는 마찰과 분열을 피할 수 없게 된다. 사도 바울은 이렇게 당부한다.

바울이 말하는 헛된 영광이 바로 자신의 영광을 구하는 자기숭배다. 심지어 목사에게도 교회를 향한 열심의 동기가 자신이라는 우상일 수 있다. 교회의 규모를 키워서 남들에게 자신의 능력을 증명해 보이고 자기 이름을 높이려는 것이 궁극적인 동기라면, 그 목회는 실패한 목회다. 많은 목회자가 자주 직면하는 내면의 갈등이 바로 이러한 종류일 것이다. 그러므로 우리는 신앙생활 가운데 주기적으로 스스로에게 질문해야 한다. "나는 왜 이 일을 열심히 이루려고 하는가?" 잊지 말자. 하나님은 마음의 중심을 보시는 분이다!

## 내가 섬기는 우상들을 찾아내려면?

우상에 대한 이해가 좀 쌓였다면 다음 단계는 자신의 우상들을 찾아내는 일이다. 숨은 우상들을 찾아내는 것은 용이한 일이 아니다. 하지만 그렇다고 불가능한 것도 아니다. 병에 걸리면 증상이 나타나듯이 마음의 우상들도 때가 되면 그 증상이 나타나기 때문이다. 그렇다면 어떤 증상들이 우상의 존재를 드러내는 것일까?

앞에서도 말했듯이, 감정의 고요와 기쁨은 하나님의 은혜와 평강이 나의 삶을 지배하고 있다는 뜻이다. 반면에 부정적인 감정들이 지나치게 고조될 때는 마음속 우상들의 존재를 의심해 보아야 할 때다. 지나친 초조, 불안, 우울, 분노, 회피와 무관심 등은 내가 섬기는 우상들이 현실에서 만족되지 못했거나 그 우상의 갈망을 심각하게 방해하는 어떤 상황이 발생할 때 나타나기 때문이다.

신체적으로 별 아픈 곳이 없는데도 부정적인 감정들이 지나치게 나타난다면 우상의 갈망들이 좌절된 상황일 수 있다. 이런 경우에 감정을 억제하고 잘 다스리고 해결하려는 노력은 근본적인 도움과 치유가 되지 않는다. 영화 감상이나 쇼핑이 기분 전환에 도움이 될 수는 있겠지만, 어디까지나 일시적인 도움이지 근본적인 치유가 될 수 없는 것처럼 말이다. 뜨거운 기도나 찬양도 감정만 다스릴 목적이라면 그 효과가 오래가지 못한다.

몸의 이상을 통해 근본적인 병을 진단하듯, 감정들이 나타내는 신호를 통해서는 마음의 상태와 근본 원인을 알아야 한다. 다음 질문들을 던져 보라. "내가 왜 이렇게 초조하지?" "왜 이렇게 화가 나지?" "왜 이렇게 우울하지?" "왜 삶에 아무런 의욕도 없고 자꾸 회피하고 싶지?" 이어지는 장에서는 우상들의 실제적인 예를 살피고 각자의 우상들을 진단할 수 있는 능력을 길러 보자.

**정리
하기**

1. 우상숭배는 모든 인간이 가장 보편적으로 짓는 죄다.

2. 아무리 선하고 아름다운 것이라도 하나님의 자리를 차지하고 나의 삶을 지배하고 조종하는 것은 모두 우상이다.

3. 우상숭배의 가장 커다란 동기는 바로 자기 자신이다.

4. 우상숭배의 피해는 정서적 불안과 정신적 메마름이고, 그 증상은 불안, 초조, 분노, 좌절 같은 부정적인 감정으로 나타난다.

**생각
하기**

1. 내가 이해하고 있는 우상의 모습은 무엇인가?

2. 현재 내가 가장 간절하게 갈망하는 것은 무엇인가? 이로 인해 나타나는 감정의 지나친 기복이 있는가?

3. 내가 가장 갈망하는 것들의 솔직한 심적 동기는 무엇인가?

# 5.

## 우상숭배의 지름길:
## 우상숭배의 실제 사례

이제 실제적인 사례를 통해 좀 더 자세히 자기 내면의 숨은 동기들, 즉 우상이 어떻게 우리 삶을 지배하고 조종하는지 살펴보겠다. 여기서 한 가지 주의할 점은 우상들을 찾아내고 알아내는 것이 전부가 아니라는 사실이다. 우상들을 발견하는 것이 중요한 출발이긴 하지만 이는 여전히 반쪽짜리에 불과하다. 예를 들어 컴퓨터 속에 숨어 있는 바이러스를 발견하는 것은 중요하다. 하지만 치료할 백신이 없이 단지 바이러스만 찾아내는 것은 별 의미가 없다. 따라서 우상이라는 영적인 바이러스를 발견한다면 그것을 치료할 방법도 함께 알아야 한다.

내면의 잘못된 동기들, 즉 우상들을 치료할 수 있는 백신은 바로 우리를 구원한 복음의 능력과 은혜다. 구체적인 사례를 통해 각각의 다른 우상들이 어떻게 복음이라는 백신으로 치료의 실마리를 얻는지 살펴보도록 하자.

> 사람을 두려워하면 올무에 걸리게 되거니와 여호와를 의지하는 자는 안전하리
> 라. (잠 29:25)

사람들은 대부분 남들의 인정을 통해 자신의 가치와 정체성을 확인받으려 한다. 그래서 타인의 인정에 목말라하고, 인정을 받으려는 지나친 갈망과 노력으로 결국 인정의 노예가 되고 만다. 이러한 삶의 모습은 그리스도를 통해 이미 우리에게 주어진 하나님의 인정을 믿고 그 안에서 안식하는 삶과 거리가 멀다.

재호 씨는 학교에서는 공부를 잘하고 예의 바른 학생으로, 교회에서는 성실하고 책임감 있는 청년으로 어디를 가든 주위 사람들로부터 칭찬과 인정을 한 몸에 받는 젊은 친구입니다. 주일학교 교사로 섬기면서는 더욱 많은 관심을 목사님과 여러 성도로부터 받게 되었습니다. 그리고 얼마 전에는 대학을 졸업하고 전공을 살려서 원하던 직장에도 입사했습니다.

그런데 입사한 지 얼마 지나지 않아 재호 씨에게 위기가 닥쳤습니다. 입사 동기 중 한 명이 같은 부서에 배치를 받았는데, 업무 능력만 재호 씨보다 뛰어난 것이 아니라 대인관계도 좋아서 회사 사람들로부터 재호 씨보다 많은 호감을 얻게 되었습니다. 회식자리에서 상사들과도 잘 어울리다 보니 부서의 대표 새내기로서 한몸에 인정을 받을 뿐 아니라 은연중에

재호 씨와 늘 비교되었습니다. 지금까지 살아오면서 인정은 당연히 자신의 차지였는데, 다른 동료와의 비교에서 열등한 입장에 처하게 된 재호 씨의 하루하루는 지옥과도 같았습니다. 시간이 지날수록 그 동료를 향한 질투와 미움은 커져 갔고, 자신이 이렇게까지 무능할 수도 있다는 사실을 받아들이기가 너무나 힘들었습니다. 게다가 믿지도 않는 사람을 향해 시험에 들 만큼 괴로울 수 있다는 사실을 도저히 인정할 수 없었습니다. 사표를 낼까 여러 번 고민하던 중 교회의 청년부 전도사님에게 자신의 상황을 털어놓고 상담을 받기로 했습니다.

전도사님과의 상담을 통해 재호 씨는 자신의 삶과 신앙생활에 커다란 문제가 있다는 사실을 알았습니다. 재호 씨는 자신의 정체성과 가치를 항상 남의 인정 속에서 확인해 왔습니다. 그리고 이 인정받음의 우상이 자신을 오랫동안 지배하고 길들여 왔다는 사실을 처음으로 깨닫게 되었습니다. 돌이켜 보니 과거 자신이 하나님을 섬겼던 열심 속에 하나님보다 사람들에게 인정과 관심을 받으려는 동기가 아주 크게 작용했다는 사실을 고백하지 않을 수 없었습니다. 전도사님은 재호 씨가 마음속으로 섬기는 이 우상을 깨닫게 해 주시려고 하나님이 그런 직장의 환경으로 인도하신 것 같다고 조언과 위로를 해 주었습니다.


자신의 노력이나 성취를 통해 존재 가치를 인정받으려는 사람들의 시도는 여러 가지 형태로 나타난다. 이러한 시도는 흔히 공부, 외모, 특기나 능력, 수입의 정도 등을 기준으로 주어지는 주위 사람들의 인정을 통해 자신의 정체성과 가치를 확인받으려는 모양으로 나타난다. 크리스천의 경우에는 교회에서의 열심을 통해 목사님과 주위 사람들로부터 인정받고, 이를 통해 신앙인으로서 자신의 가치를 확인하려는 욕구와 갈망을 갖고 산다.

인간관계에서 어느 정도의 인정은 신뢰의 근거로 필요하다. 하지만 이 인정에 대한 욕구가 지나쳐 행동의 주된 동기가 되고 스스로를 정서적으로 정신적으로 지배한다면, 이는 우상숭배의 현장이 되는 것이고 결국 영적으로 길을 잃는 결과를 가져온다. 내가 원하는 만큼의 인정이 주어질 때는 기분이 좋고 만족하지만, 내가 원하는 만큼의 인정이 주어지지 않을 때는 마음이 심하게 상하고 우울해진다. 나에게 인정의 갈망을 채워 주지 않는 주위 사람들에게는 섭섭함을 느끼고 또 내가 받을 인정을 가로챘다고 여겨지는 사람들을 향해서는 미움과 질투가 생긴다. 이렇게 되면 나를 실제적으로 지배하는 존재가 하나님이 아니라 인정이라는 우상이 된다. 그래서 하나님의 자리를 차지하고 하나님 대신 나의 삶을 실제적으로 지배하게 된다.

이처럼 인정에 매달리는 삶은 하나님을 믿는 신앙의 삶이 아니다. 복음의 은혜를 좇아 사는 올바른 길이 아니다. 따라서 평강과 은혜와는 거리가 멀다. 처음에는 달콤하기만 하던 사람들의 인정이 나중에는 없으면 안 되는 갈망이라는 마약이 되고, 결국에는 인정의 노예가 되어 버리는 비참한 결과를 초래한다.

이러한 때일수록 복음의 은혜와 능력은 더욱 절실해진다. 우상을 통해 얻으려고 몸부림치던 인정의 욕구와 갈망에 대한 거짓된 충족을 복음 안에서 발견할 때 진정한 자유를 얻을 수 있다. 복음 안에는 인정받고 싶은 나의 갈망에 대한 모든 만족이 충만하게 들어 있다. 먼저 삶에서 인정이라는 것이 차지하는 영향력을 과소평가해서는 곤란하다. 인정받음에 대한 욕구 자체를 부정할 수는 없다. 사람은 자신의 존재 가치를 늘 인정받고 싶어 한다. 그렇다고 해서 인정받음에 대한 욕구와 갈망 자체가 나쁘다는 것은 아니다. 문제는 어디에서 이 인정받음에 대한 궁극적인 만족을 찾느냐이다. 세상에서 찾으면 우상숭배와 길 잃음일 것이고, 하나님께로부터 찾고 얻는다면 믿음의 실천이며 올바른 길을 가는 축복의 삶이 되는 것이다.

우리는 인정받음의 욕구와 충족에 관한 한 가지 중요한 사실을 알아야 한다. 인정은 내가 아닌 타인으로부터 받는 것이지 절대 스스로 줄 수 없다는 사실이다. 자신에게 주려는 인정, 즉 자기최면은 오래 지속되지 않을 뿐 아니라 정상적인 인정의 효과를 나타내지도 않는다. 내가 아무리 가치 있는 존재라고 믿고 싶어도 남의 인정이 없으면 그 믿음의 상태가 유지되질 않는다.

인정에 관한 두 번째 중요한 사실은 "누가 나를 인정해 주는가?"라는 문제다. 이웃집 여자가 나를 예쁘다고 인정해 주는 것과 영화감독이 예쁘다고 인정하는 것은 차원이 다르다. 그렇다면 이제 복음 안에서 당신이 이미 받은 인정을 한번 생각해 보자. 그리스도의 복음 안에서 당신은 이 세상에서 가장 높고 위대하신 하나님으로부터 죄

없고 의로운 사람으로 인정받았다. 나아가 더 놀랍게도 그분의 귀한 자녀로 인정을 받았다. 예수 그리스도 안에서 당신은 인간이 받을 수 있는 최고의 인정을 최고로 높으신 분께로부터 받았다. 그리고 이 인정은 당신의 성취와 성공과 무관하게 주어진 것이므로 어떠한 경우에도 빼앗길 수 없는 인정이다. 아무리 노력해도 이보다 좋은 인정은 받을 수 없으며, 아무리 크나큰 잘못을 하더라도 이미 하나님께로부터 받은 인정을 잃을 수 없다.

당신을 얻기 위해서, 인정하시기 위해서 하나님이 지불하신 값을 한번 생각해 보자. 하나님은 십자가에서 자기 아들의 목숨을 지불하셨다. 그러므로 하나님께 당신의 가치는 그분의 아들의 핏값과 같다. 그리고 그 귀한 핏값만큼 하나님이 당신을 아끼고 인정하신다는 것을 의미한다. 이 하나님의 인정의 실체와 가치를 조금이라도 알고 믿는다면 사람의 인정에 대한 갈망 때문에 당신의 삶이 크게 좌우될 일은 없다.

복음의 은혜를 통해 회복을 얻기 시작한 재호 씨의 직장생활은 점차 평안을 찾아갔습니다. 자신보다 많은 인정을 받는 동료의 모습도 받아들일 수 있게 되었고, 나중에는 진심으로 그 동료를 칭찬해 줄 수 있는 마음의 여유도 생겼습니다. 과거의 질투와 미움의 감옥에서 서서히 벗어날 수 있었으며, 이전의 재호 씨처럼 사람의 인정에 목말라하는 사람들을 불쌍한 마음으로 바라보고 그 영혼의 구원을 위해 기도할 수 있는 여유까지 생겼습니다.

　이렇게 복음 안에서 주어진 인정을 깨닫고 삶에 적용하는 가운데 재호 씨는 사람의 인정으로부터 점차 자유로워졌으며, 그 결과 업무에 대한 강박도 줄어들고 오히려 더 훌륭하게 일을 처리할 수 있게 되었습니다. 이러한 재호 씨를 상사들도 인정해 주기 시작했지만 재호 씨의 마음은 더 이상 이전과 같지 않았습니다. 사람들의 인정이 싫었던 것은 아닙니다. 그렇지만 그들의 인정에 더 이상 절대적인 가치를 두지 않으면서 자신의 마음을 지킬 수 있었습니다. 또한 사람들의 인정이 주어질 때는 먼저 하나님께 영광을 돌렸습니다. 그리고 복음 안에서 이미 은혜로 얻은 하나님의 값진 인정을 주기적으로 스스로에게 일깨워 주었습니다. 그러다가도 혹 사람의 인정 때문에 마음이 힘들어질 때면 이렇게 기도합니다. "일억 원을 가진 사람이 천 원에 연연할 수는 없겠지요, 하나님!"

**정리하기**

1. 인간은 본능적으로 남들의 인정을 통해 자신의 존재 가치와 정체성을 확인받으려 하기 때문에 인정받음의 욕구로부터 자유로운 사람은 없다.

2. 우리는 어려서부터 부모님이나 학교 선생님과 친구들 혹은 교회나 직장처럼 자신이 속한 집단에서 누군가의 인정에 목말라하도록 길들여졌다.

3. 그러나 인정받음에 대한 갈망이 지나치면, 나에 대한 다른 사람들의 의견에 노예가 되거나 인정받으려는 지나친 갈망과 노력 때문에, 삶에서 안식과 평강이 사라지고 초조와 분노와 좌절이 자리 잡게 된다.

4. 크리스천은 이미 최고의 인정을 최고의 존재이신 하나님으로부터 받았다. 이미 하나님의 의로운 자녀라는 더할 수 없는 인정을 받은 사람들이다(엡 1:4-5).

5. 복음 안에서 주어진 하나님의 인정을 깨닫고 믿는 삶은 세상 사람들의 인정에 목말라하며 쉬지 못하고 달려가는 우리의 삶에 제동을 걸어 주고, 더 나아가 지나친 갈망으로부터의 자유함을 준다(요 8:32).

**생각하기**

1. 나는 언제, 얼마나 자주 남의 인정에 목말라하는가? 주로 누구에게 인정받고 싶어 하는가?

2. 원하는 만큼의 인정을 얻었을 때와 얻지 못했을 때 나의 반응은 어떠한가?

3. 나의 삶은 인정받음에 대한 갈망 때문에 정신적으로 정서적으로 힘든가?

4. 예수 그리스도의 복음 안에서 내가 하나님께 받은 인정은 무엇인가? 세상에서 얻는 인정과는 어떻게 다른가?

5. 그리스도 안에서 주어진 인정을 세상의 인정보다 의지한다면 나의 삶에는 어떤 변화가 나타나겠는가?(벧전 2:9; 요 14:27)

# 인기 추구라는 우상

이제 내가 사람들에게 좋게 하랴 하나님께 좋게 하랴 사람들에게 기쁨을 구하랴

내가 지금까지 사람들의 기쁨을 구하였다면 그리스도의 종이 아니니라. (갈 1:10)

사람들로부터 인정을 받는 것과 인기를 얻는 것에는 공통점이 있다. 둘 다 사람들의 관심과 지지를 원한다는 것이다. 하지만 인기와 인정에는 한 가지 커다란 차이가 있다. 자신이 신경 쓰고 지지받기를 추구하는 대상의 범위가 어느 정도냐의 차이다. 인정은 얼마나 많은 사람이 자신을 알아주느냐보다 누가 나를 알아주느냐가 중요하다. 내가 가장 신경 쓰는 사람들로부터의 인정이 중요하지 얼마나 많은 사람이 알아주느냐는 상대적으로 덜 중요하다. 반면에 인기는 더 많은 사람이 자신을 좋아해 주길 바라는 갈망이다.

인기라는 우상에 목말라 있는 사람들은 자신이 속한 공동체에서 모든 사람이 자신을 좋아하기를 바란다. 인기를 좇는 사람들에게 의미 있고 깊은 사귐은 상대적으로 덜 중요하다. 그래서 여러 사람에게 친절하지만 한두 사람에게 집중하지는 않는다. 근본적인 목표가 깊은 관계가 아니라 더 많은 사람이 자신을 좋아하는 것이기 때문이다. 그래서 인기라는 우상을 추구하는 사람은 누군가가 자신을 싫어할까 봐 전전긍긍할 때가 많다.

많은 경우 인기를 추구하는 사람들은 장기나 특기 하나 정도는

갖고 있다. 더 많은 사람이 나를 좋아해 주길 바라기 때문에, 자신이 잘하고 좋아하는 일은 누구를 제치고서라도 해야 한다. 하지만 자신의 인기와 직접적으로 관계가 없는 일이나 남들의 눈에 잘 띄지 않는 봉사에는 별로 관심을 갖지 않는다. 교회 내에서도 자신의 존재나 이름이 자주 오르내리고 사람들이 자신을 좋아해 주기를 바라기 때문에, 자신의 이미지를 부각할 수 있는 기회를 항상 원한다.

상철 씨는 최근에 교회를 다시 옮겼습니다. 지방에서 대학을 졸업하고 서울에 온 뒤로 벌써 몇 번째 교회인지 모릅니다. 교회 사람들과 별다른 마찰이 있는 것도 아니고 설교에 대한 불만이 있는 것도 아니었습니다. 이유는 오히려 다른 데 있었습니다.

고향 교회에서 상철 씨는 늘 인기가 많았습니다. 노래도 잘하고 드럼도 수준급으로 연주하기 때문에, 공적인 예배나 집회에서는 늘 찬양팀에 섰으며 특별 행사 때도 우선적으로 불려 다녔습니다. 교회에서 또래는 물론 후배들의 인기를 늘 한몸에 받았습니다.

문제는 서울에 온 뒤였습니다. 여러 교회를 방문하고 등록도 했지만, 지금까지 자신의 존재감을 가장 확실하게 내세울 수 있었던 드럼 연주자의 자리가 주어지지 않았던 것입니다. 상철 씨가 방문했던 교회들은 대부분 이미 찬양팀이 비교적 안정되게 짜여 있었습니다. 물론 작은 교회들보다는 어느 정도 규모를 갖춘 교회들을 주로 찾아다녔습니다. 더 큰 교회에서 더 많은 사람이 자신의 가치를 알아주고 좋아해 주기를 바란

것입니다.

교회를 새로 옮기면 항상 어떻게 해야 그 교회에서 드럼을 연주할 수 있을지 살폈고, 사람들에게 넌지시 자신의 재주를 드러내기도 했지만, 기회는 좀처럼 주어지지 않았습니다. 예배 시간에도 항상 시선은 찬양팀의 드럼 쪽에 가 있었으며, 자신이 그 자리에서 사람들의 시선을 받는 것을 상상하느라 정작 예배에는 집중하지 못했습니다. 또한 자기보다 실력이 못한 것 같은데 그 자리를 차지한 사람이 있으면 평가하고 질투하는 마음을 가진 적도 여러 번 있었습니다. 시간이 지나도 드럼을 연주할 기회가 주어질 가망이 없다고 판단되면 다른 교회로 옮기는 상황이 계속되었습니다. 교회에서 소그룹 모임이나 다른 활동의 기회도 여러 번 주어졌지만, 많은 사람의 주목을 받으며 드럼을 연주하는 일 외에는 별로 관심이 가지 않았습니다.

교회에 대한 상철 씨의 태도는 하나님중심이 아니라 지극히 자기중심적이다. 교회를 다니는 근본 목적도 하나님이 어떤 분인지 알아가고 그분께 영광을 드리는 것과는 거리가 멀다. 상철 씨는 자신을 드러낼 수 있는 기회를 엿보려고 교회를 찾아다녔다. 물론 주위 사람들에게 자신이 교회를 옮겨 다니는 이유를 말할 때는 이 점을 철저히 감추고 마치 교회에 문제가 있는 것처럼 둘러댔다. 설교가 마음에 안 든다든지, 교회 사람들에게 정이 붙지 않는다든지 하는 식이었다. 교회를 옮길 때마다 하나님께 자신이 가진 재능으로 하나님을 섬길 수 있게 해달라고 기도하였지만, 이 기도는 이상하게도 번번이 응답되지 않았다. 자신이 가진 재주를 쓸 수 있게 되면 하나님께도 도움이 될 텐데, 계속 길을 열어 주시지 않는 하나님을 상철 씨는 이해하기 힘들었고 야속하게 느껴졌다. 물론 하나님은 상철 씨의 기도를 들어주실 수 없었을 것이다. 상철 씨의 마음속에 자리 잡은 우상을 알고 계시기 때문이다.

하나님은 우리의 재주나 능력보다 우리 마음의 중심을 보신다. 그리고 그 중심에 하나님이 계시기를 원한다. 우리가 가진 재능과 능력으로 아무리 섬길지라도 그 마음의 중심 동기가 하나님이 아닌 우상이라면 하나님은 기쁘게 받으시지 않는다. 오히려 이 우상이 드러나고 제거되는 쪽으로 우리의 삶을 인도하신다. 하나님은 우리가 하나님을 섬기는 바른 신앙의 길을 걸으며 참된 보람과 만족과 기쁨을 누리기 원하신다. 상철 씨가 그토록 갈망하는 기도를 들어주시지 않은 이유는 아마도 이 진리를 깨닫기 원하시는 하나님의 선하신 의도 때문이었을 것이다.

우리는 복음 안에 있는 우리를 향한 하나님의 시선을 이해해야 한다. 하나님은 이 세상의 그 어떤 것보다 우리를 귀하게 여기고 주목하신다. 우주 만물보다 우리를 더 사랑하셔서 그분의 하나밖에 없는 아들을 십자가에 내어 주신 분이다. 자기 아들의 생명을 대가로 치르며 하나님이 궁극적으로 원하신 것은 바로 하나님의 자녀들이다. 하나님은 우리가 그 은혜를 깨닫기를 원하신다. 하나님이 우리를 이 세상에서 가장 귀한 존재로 여기고 주목하셨듯이, 우리도 그분을 가장 귀하게 여기고 주목하기를 원하신다.

하나님의 피조물인 우리는 하나님의 이름과 영광이 온 천하에 높이 들리기를 바라는 것이 마땅하다. 그런데 그 영광의 자리를 내가 차지하려 한다면 하나님의 자리를 훔치는 것이다. 반면에 하나님의 기쁘신 뜻에 따라 크게 쓰임받고 긍정적인 의미에서 사람들 사이에 유명했던 인물들은 사람들의 관심을 자신보다 하나님께 돌리고 하나님의 영광을 더 구했던 사람들이다. 세례 요한은 자신이 신랑 되시는 예수님의 들러리 역할을 하는 것에 감사하고 만족하며 "그는[주님은] 흥하여야 하겠고 나는 쇠하여야 하리라"(요 3:30)라고 고백했다. 사도 바울도 "이는 내게 사는 것이 그리스도니 죽는 것도 유익함이라"(빌 1:21)라고 고백했다. 영광의 최우선은 주님께 속하는 것이고, 주님이 나를 통해 영광스럽게 되실 때 나도 주님의 영광 가운데 속하게 된다는 진리를 알았던 사람들이다.

우리는 자신의 인기와 영광을 구할 것이 아니라 주님의 이름이 알려지고 영광스럽게 되기를 구하여야 한다. 자신의 재능으로 주님을 섬기는 것은 선한 일이다. 그러나 내면의 동기가 하나님의 영광을 구하는 것인지 자신의 인기를 우선적으로 구하는 것인지를 수시로 점검해야 한다. 사람들의 인기에 연연하는 것이 처음에는 흥미진진하고 즐거운 일일지 몰라도, 이 또한 다른 우상들과 마찬가지로 결국 우리의 마음을 지배하여서 많은 사람으로부터 얻는 인기에 조종당하는 노예로 전락하게 만든다. 사람들이 좋아해 주기를 바라면서도 한 편으로는 사람들이 자신을 싫어할까 봐 두려워하는 가운데 평강과 쉼은 사라지고 초조함과 두려움, 자만심이 자리 잡게 된다. 인기를 한참 얻다가 그 인기가 추락하자 견디지 못하고 자살로 생을 마감하는 연예인들이 인기라는 우상이 빚어내는 극단적인 결말의 한 예라고 할 수 있다. 이와 같이 사람으로부터 얻는 인기는 허무하며 위험하기까지 하다.

그러나 복음 안에서 크리스천은 이미 하나님의 주목을 받은 자들이라는 것을 기억하자. 이 세상 사람들이 다 당신을 몰라주더라도 하나님은 당신을 아신다는 사실을 믿는가? 사람들에게 얻는 인기는 언젠가 시들어 버리는 무의미한 것이다. 하지만 하나님이 당신을 아시고 주목하신다는 사실은 영원토록 영광스러운 진실이다. 이 진실을 정말로 깨달아 가는 영혼은 더 이상 사람들로부터의 인기를 갈망하지 않고, 인기에 얽매이는 노예의 삶이 아니라 나를 이미 아시는 하나님의 이름이 알려지기를 원하는 삶을 살아간다. 자신을 은혜롭게 망각할 수 있는 자유와 해방은 하나님의 주목으로 인해 만족할 줄 아는 영혼에게만 주어진 복음의 선물이다.

**정리
하기**

1. 인기를 추구하는 사람들의 가장 큰 관심사는 더 많은 사람의 눈에 띄는 자리를 차지하는 것이다.

2. 복음 안에서 우리는 이 우주의 가장 위대하신 하나님의 주목을 이미 받고 있다(시 144:3).

3. 사람들의 주목과 영광을 받으셔야 하는 분은 내가 아닌 하나님이다(시 48:10).

4. 인기라는 우상으로부터 벗어날 수 있는 길은 영광이 하나님께 속한 것이라는 겸손한 믿음과 그리스도 안에서 우리에게 주어진 하나님의 주목을 깨닫는 것이다.

**생각
하기**

1. 대중의 인기를 먹고 사는 연예인들의 삶은 어떨지 생각해 보자.

2. 인기에 매달리는 사람들의 마지막은 주로 어떤 모습인가?(전 1:2)

3. 사람들의 인기를 의식해서 불편함을 겪은 적이 있는가?

4. 영광은 근본적으로 하나님께 속한 것이라는 사실을 인정하고 받아들일 때 나의 삶은 구체적으로 어떻게 달라지겠는가?

5. 그리스도의 복음 안에서 주어지는 하나님의 주목에 대한 성경 말씀을 찾아보자(시 139:13; 119:168; 마 28:20).

## 사랑이라는 우상

> 사랑은 여기 있으니 우리가 하나님을 사랑한 것이 아니요 하나님이 우리를 사랑하
> 사…사랑 안에 두려움이 없고 온전한 사랑이 두려움을 내쫓나니. (요일 4:10a, 18a)

인간이 가진 가장 기본적인 욕구 중 하나가 사랑받고 싶은 욕구다.
하지만 누군가로부터 깊이 사랑받고 싶은 갈망과 욕구도 우상이 될
수 있다. 사랑에 대한 궁극적인 갈망을 사람을 통해 충족하려 할 때
우리에게 남는 것은 실망과 두려움뿐이다. 왜냐하면 인간이 원해야
하는 진정한 사랑은 사람에게서 얻어지는 것이 아니라 하나님으로부
터만 주어지기 때문이다.

최근에 남자친구가 생긴 수진 씨는 행복하기도 하지만 한편으로 드는 두
려운 생각을 떨칠 수가 없습니다. 예전에도 몇 번 남자친구를 사귄 적이
있었는데, 이번에도 좋지 않은 결과로 끝나 버릴까 봐 두려운 마음이 듭
니다. 남자친구를 사귈 때마다 상대가 자신에게만 집중해 주기를 바라는
수진 씨의 갈망 때문에 상대를 지치고 힘들게 만들었습니다. 그래서 사귀
던 남자들이 수진 씨와의 관계를 부담스러워하다가 결국에는 관계를 회
피하고 끝내 버린 아픈 경험이 있습니다.

수진 씨도 자신의 이런 점을 어렴풋이 알고 있습니다. 하지만 조금이
라도 상대가 소홀하다고 생각되면 견딜 수 없을 정도로 섭섭해지고 상대

가 수진 씨를 정말로 좋아하지 않는다는 생각이 들어 무척 힘이 듭니다. 남자친구가 자신만의 시간이 필요하다는 말을 한다든지 교회의 다른 지체들과의 시간도 필요하다고 말할 때면 여지없이 서운해집니다. 물론 남자친구의 입장이 이해되지 않는 것은 아니지만, 수진 씨의 마음은 모든 것을 얻을 수 없다면 차라리 포기하고 싶다는 생각에서 벗어나기가 어렵습니다. 남자친구가 하루에 몇 번씩 주기적으로 연락을 하지 않는다든지 시간이 날 때마다 자신과의 만남을 최우선으로 여기지 않는다고 느껴질 때면 자신의 존재가 무시당한다는 생각이 듭니다.

문제는 수진 씨가 남자친구와의 관계에서만 그런 것이 아니라는 데 있습니다. 수진 씨는 자신이 좋아하는 소수의 사람들이 자신에게 집중해 주기를 바라는 마음이 아주 강합니다. 그래서 교회 안에도 특별한 친구들이 생기면 교회를 다닐 만한 이유가 충분해지지만, 그런 욕구가 충족되지 않을 때는 왠지 자신에게 소홀한 사람들이 야속하게 느껴지고 우울해져 교회에 나가는 것 자체가 싫어지곤 합니다. 그래서 다니던 교회를 훌쩍 떠난 적도 몇 차례 있습니다. '사랑이 부족한 공동체에 내가 계속 남아 있을 이유는 없잖아?'라고 생각했기 때문입니다. 원하는 만큼의 관심과 사랑을 받지 못해 섭섭하거나 두려워질 때 수진 씨는 주로 자신이 먼저 등을 돌리는 선택을 해 왔습니다. 그러는 사이에 사랑이 무엇인지 또 하나님께 사랑받는다는 것이 어떤 것인지 차츰 망각해 갔습니다.


자신이 좋아하는 소수로부터 각별한 관심과 사랑을 받지 못하면 불안해하거나 심지어 극도로 우울해지는 사람들이 있다. 이런 사람들은 상대로부터 깊은 관심을 바라고 특히 상대의 시간이 자신에게 집중되기를 원한다. 물론 사랑과 관심을 바라고 원하는 것 자체가 잘못은 아니다. 문제는 그 사랑과 관심을 지나치게 사람으로부터 구한다는 것이다. 다시 말하지만 우상이란 "자신이 좋아하는 것을 지나치게 원하는 것"이다. 아무리 좋은 것이라도 지나치게 원하면 그 자체가 우상이 되어 우리의 삶을 지배하고 황폐화시킨다. 또한 궁극적인 갈망을 하나님 아닌 사람으로부터 구하면 그것이 우상이 되어 나의 삶을 정신적으로 또 정서적으로 갉아먹게 된다.

크리스천의 삶에서 모든 인간관계는 상대가 친구든 연인이든 배우자든 중심에 하나님이 계셔야 한다. 연인 사이에서 내가 상대의 궁극적 관심과 사랑의 대상이 되려는 것은 상대방에게 나를 하나님의 위치에 두라고 요구하는 것과 마찬가지다. 이는 성경적이고 원활한 관계 형성에 결코 도움이 되지 않는다. 아무리 좋은 친구나 연인이라도 나의 삶에서 두 번째 자리 위로 올라서서는 안 된다. 우리의 첫 번째 관심과 사랑의 대상은 하나님이셔야 한다. 이 첫 번째 자리에 하나님이 계실 때 다른 사람과의 관계도 원만하게 자리매김해 나갈 수 있다.

이것은 크리스천 부부에게도 똑같이 적용되는 원리다. 부부간의 사랑과 원만한 관계를 유지하는 최고의 비결은 배우자가 하나님과 가장 깊고 풍요로운 관계를 맺을 수 있도록 도와주는 것이다. 배우자가 나보다 하나님과 더 깊은 관계를 맺을 수 있도록 겸손의 마음으로 자신을 낮추고 내려놓는 지혜가 필요하다. 내가 배우자나 연인 또는 친한 친구에게 요구할 수 있는 최고의 위치는 항상 하나님 다음 자리여야 한다. 그래야 풍성하고 원만하며 단단한 관계를 맺어 나갈 수 있다.

사랑이라는 우상에 사로잡힌 사람들은 이웃을 골고루 사랑하는 것이 아니라 자신이 선택한 사람들과만 집착적으로 사랑하고 사랑받으려 한다. 이렇듯 균형 잡히지 않은 이들의 사랑은 자신의 선택권 밖의 사람들에게는 거의 무관심함으로 나타난다. 반대로 자신이 선택한 사람들로부터는 최고의 사랑을 받기 위해 최선을 다한다. 때로는 자기 입장이나 의견과 선호까지도 포기하면서 상대를 만족시키고 그 대가로 상대로부터 최고의 관심과 지지와 칭찬을 얻으려 한다. 그리고 그 선택된 관계 속에서만 사랑받으려는 갈망 때문에 상대방을 부담스럽게 만들고 나중에는 서로 상처를 주는 어이없는 결과를 초래한다. 자신이 선택한 존재로부터의 배신은 더욱 끔찍한 일이고, 실제로 그런 일이 벌어질 경우에는 감당할 수 없는 정신적 충격을 받게 된다.

사랑이라는 우상에 사로잡힌 사람은 하나님을 우선적으로 사랑하고 그 속에서만 주어지는 평강과 만족을 누리기보다 사람을 바라봄으로써 생기는 실망과 불안과 두려움의 삶을 살게 된다. 자신이 원하는 사랑을 성공적으로 얻는다 해도, 진정한 사랑의 모습이 아니며 언제라도 깨어질 신기루에 불과한 허무를 좇는 삶이 된다.

만약 사랑이라는 우상을 섬기면서 그 속에서 괴로워하고 있다면 어떻게 해야 할까? 언제라도 변할 수 있는 가짜 사랑이 아니라 참다운 만족과 평강이 주어지는 진짜 사랑을 얻고 만족하려면 어떻게 해야 할까? 대답은 분명하다. 사람들에게서 찾던 사랑의 만족을 하나님으로부터 얻는 법을 배우면 된다.

복음은 우리가 이미 깊은 사랑을 받았고 지금도 변함없이 받고 있음을 가르쳐 준다. 하나님은 늘 우리의 모든 일상에 관심을 갖고 지켜보시며 심지어 우리의 머리카락도 다 세신다(마 10:30). 시편 기자는 하나님이 졸지도 주무시지도 않으시며 우리를 늘 지키신다고 하였다(시 121:4). 우리는 하나님의 이 사랑을 깨닫고 체험하면서 사랑을 향한 내적인 갈망을 진정으로 충족시킬 수 있다. 오직 이 하나님의 사랑만이 우리의 사랑받고자 하는 깊은 갈망을 채워 줄 수 있다. 주위 사람들의 사랑은 보충적이지 그 자체로 절대적일 수 없다. 부모님이나 배우자 또는 아주 친한 친구의 사랑도 하나님의 사랑을 대신할 수 없고 대신해서도 안 된다.

인간관계 안에서 사랑을 향한 깊은 갈망을 충족하려고 한다면, 그것은 그 사람에게 하나님처럼 되어 달라고 요구하는 것과 마찬가지다. 하지만 이 세상 누구도 하나님처럼 나를 사랑해 줄 수는 없다. 사랑받고자 하는 내면의 갈망을 온전하게 충족시켜 줄 사람은 이 세상에 존재하지 않는다. 그래서 사람을 통해 이런 내면의 갈망들을 충족받으려 하면, 실망하거나 상대방이 나를 부담스러워 하여 결국 관계가 깨어진다.

상대방과 최고의 사랑을 주고받고 싶다면 먼저 나와 상대방 모두 하나님의 사랑을 공급받아야 한다. 하나님의 깊으신 사랑을 이해하고 받아들일 때에야, 우리에게는 비로소 다른 사람을 이타적으로 사랑할 수 있는 정신적 여유가 생긴다. 하나님으로부터 이러한 갈망에 대한 만족을 얻은 영혼들은 더 이상 다른 사람을 이용해 자신의 갈망만 충족시키려 하지 않는다. 이러한 사람들은 자신이 하나님께로부터 받은 사랑을 통한 만족과 충만함을 주위 사람들에게 나누어 줄 수 있는 상태가 된다. 따라서 크리스천의 사랑은 삼각관계로 잘 형성되어야 한다. 하나님을 중심에 두고 서로를 바라보는 삼각관계가 진정한 사랑관계의 비결이다.

## 정리 하기

1. 사랑받고 싶은 욕구 자체가 잘못은 아니다. 하지만 이 정당한 욕구에 대한 최고의 충족을 하나님이 아닌 사람으로부터 구하려 할 때 우상숭배가 된다.

2. 인간이 원하는 진정한 사랑은 오직 하나님만이 주실 수 있고, 그 사랑의 갈망이 충족될 때 비로소 이기적인 모습이 아닌 진정한 사랑의 삶을 살 수 있다(요일 4:7-10).

3. 사랑의 반대는 두려움이다(요일 4:18). 궁극적인 사랑을 사람에게서 구하는 사람은 두려움을 얻게 되지만, 하나님께로부터 구하는 사람은 사랑과 더불어 성령의 열매를 얻게 된다(갈 5:22-23).

4. 하나님이 우리를 사랑하시는 증거는 자기 아들을 십자가에 내어 주셨다는 사실이다(요 3:16).

## 생각 하기

1. 집착과 지나친 의존 때문에 인간관계가 나빠졌던 경험이 있는가?

2. 인간의 관심과 사랑에 지나치게 집착할 때 어떤 감정이 일어나는가?

3. 나열한 단어를 생각하면서 하나님을 가장 우선적으로 사랑할 때 주어지는 감정, 성품의 변화와 비교해 보자.
   걱정, 질투, 초조, 실망, 상처, 분노, 기쁨, 안정감, 확신, 평강, 만족, 인내와 성숙

4. 예수님은 믿는 자들에게 주어진 가장 큰 계명이 무엇이라고 말씀하셨는가?(마 22:37-38)

## 돈이라는 우상

> 한 사람이 두 주인을 섬기지 못할 것이니 혹 이를 미워하고 저를 사랑하거나 혹
> 이를 중히 여기고 저를 경히 여김이라. 너희가 하나님과 재물을 겸하여 섬기지 못
> 하느니라. (마 6:24)

돈이 오늘날 대표적인 우상이라는 사실에는 별 이견이 없을 것이다. 돈은 하나님이 우리의 필요를 위해 주시는 것이기 때문에 그 자체가 나쁜 것은 아니다. 하지만 돈을 사랑하기 시작할 때 문제가 시작된다. 돈에 마음을 쏟고 돈을 모으는 것이 인생의 궁극적인 기쁨이나 목표가 되기 시작하면, 돈은 너무나 쉽게 우상으로 변하여 하나님의 자리를 차지해 버린다. 돈에 마음을 쏟으면 쏟을수록 우리의 마음은 더 큰 욕심에 사로잡히고, 결국에는 돈을 하나님의 뜻대로 사용하는 주인이 아니라 돈에 조종당하는 노예로 전락하고 만다.

돈은 늘 우리에게 속삭인다. "나를 의지해. 그러면 내가 너의 모든 것을 해결해 줄 수 있어." 돈은 우리에게 안전과 쾌락, 지위와 권력 등을 줄 수 있다고 유혹하며 우리 마음에서 중심의 자리를 늘 요구한다. 그래서 돈은 우리의 삶 가운데 하나님과 자리다툼을 하는 가장 강한 우상중 하나다.

미정 씨는 어려서부터 금전적 어려움을 벗어나 본 적이 없는 가난한 집에

서 자랐습니다. 그래서 어른이 되면 큰돈을 모을 거라고 늘 결심하며 살았습니다. 목사님의 설교 중에도 하나님을 잘 믿으면 물질의 축복이 따른다는 메시지가 언제나 강하게 가슴을 때렸기 때문에, 크리스천도 돈이 있어야 복 받은 인생이라는 생각이 강했습니다.

학교를 졸업하고 직장을 구하자마자 적금부터 들었습니다. 월급이 올라가면 적금을 작은 것 하나라도 더 들어야 직성이 풀리곤 했습니다. 언젠가부터 통장의 잔고를 들여다보는 것이 습관이 되었고, 돈이 쌓여 가는 즐거움이 삶의 커다란 원동력이 되었습니다. 삶이 힘들 때면 통장을 들여다보며 위안을 얻었고, 외로울 때도 통장을 들여다보면 통장 속의 숫자들이 인생의 동반자처럼 느껴졌습니다.

헌금생활의 주된 동기는 '이렇게 하나님께 드리면 분명 더 채워 주시겠지'라는 생각이었습니다. 그렇게 돈에 집착하다 보니 삶의 중심에는 항상 돈이 자리하고 있었습니다. 돈을 더 버는 쪽으로만 움직이다 보니 그 밖의 생활, 특히 교회 모임은 최소화할 수밖에 없었습니다. 사람을 만나 밥을 먹거나 차를 마셔도 '이거 누가 계산해야 하지?'라는 생각 때문에 한순간도 제대로 즐길 수 없었습니다. 그리고 통장에 목표액이 쌓이기도 전에 항상 새로운 목표가 떠올랐습니다.

그런데 언젠가부터 내가 아닌 다른 누군가가 이러한 목표들을 부여하고 있다는 느낌이 들기 시작했습니다(잠 23:4-5). 게다가 돈에 대한 집착이 점점 강해졌고, 그럴수록 하나님을 향해서는 마음 한쪽이 항상 눌리고 불편했습니다. 그리고 하나님을 향한 마음이 점차 식어 가는 자신을 발견했습니다. 분명 헌금을 많이 드리면 하나님이 더 부자가 되게 해 주신다고 믿었는데 딱히 그렇지도 않은 것 같아 최근에는 헌금생활도 제대로 하지 않았습니다. 그러는 사이에 미정 씨의 마음은 황폐해지고 하나님으로부터 더욱 멀어졌습니다.

성경은 돈과 하나님을 겸하여 섬기는 것이 불가능하다고 분명히 말한다(마 6:24). 하지만 우리 마음에서 돈은 하나님과 대등한 자리에 서서 경쟁한다. 그리고 이 경쟁관계는 쉽사리 결판이 나지 않는 경우가 허다하다. 살아가면서 반드시 필요한 게 돈이다 보니 크리스천의 삶에서도 자주 하나님과 우위를 다투는 경쟁자가 된다. 돈에 관한 한 두 종류의 크리스천이 존재한다. 한 종류는 돈을 사용해 하나님을 섬기려 하고 다른 한 종류는 하나님을 이용해 돈을 벌려고 한다.

하나님은 때로 자신의 뜻을 이루고자 물질의 축복을 주시기도 한다. 하지만 한국 교회에 뿌리 깊게 존재하는 소위 "기복신앙" 전통은 하나님중심이 아닌 인간의 자기중심성에서 나온 지극히 계산적인 신앙이다. 하나님께 정성이라는 대가를 주고 물질의 복을 받아 내려는 계산이다. 기복신앙이 말하는 축복이란 하나님으로부터 받으리라고 기대하는 물질이다. 잘못된 동기의 종교적 열심이다. 겉으로는 하나님을 열심히 섬기는 것처럼 보이지만, 실제로는 하나님으로부터의 축복을 원할 뿐 하나님 자체를 원하는 것이 아니다.

돈이나 물질을 하나님보다 구하고 사랑하는 삶에서 하나님은 나의 물질적인 욕심을 이루기 위한 수단에 불과할 뿐 궁극적인 목적이 아니다. 하나님을 위하는 척 하지만 속으로는 자신의 노력에 대해 하나님으로부터 주어질 대가가 가장 큰 관심사다. 더 나아가서는 돈이 하나님 이상으로 자신의 삶을 지켜 주고 인생의 의미를 부여한다고 믿는다. 따라서 돈에 대한 사랑과 집착은 우상숭배로 연결될 수밖에 없다.

돈을 의지하는 만큼 하나님을 의지할 수 없다는 것이 성경의 분명한 가르침이다. 돈은 절대로 하나님을 대신할 수 없을 뿐 아니라 오히려 그것을 추종하는 사람들의 삶을 황폐하게 만든다. 우리에게 정말로 필요한 것이 평강과 기쁨이지만, 돈에 대한 욕심의 성취는 교만한 우월감을 줄 뿐 절대로 진정한 평강과 만족을 주지 못한다. 하나님을 세상과 돈보다 사랑할 줄 아는 영혼만이 하나님을 전적으로 의지하는 믿음 가운데 그리스도 안에서 주어진 은혜들을 실제적으로 누릴 수 있다.

혹여나 돈에 대한 집착과 욕심에 지배당하는 삶을 살고 있다면 나를 향한 하나님의 신실하심을 믿고 결단해야 한다. 정서적, 정신적으로 돈에 지배당하는 삶이 아니라 하나님의 은혜와 약속을 믿는 믿음을 갖고 하나님의 뜻대로 돈을 대하고 사용할 줄 아는 삶을 살아야 한다. 그 출발은 먼저 돈을 삶의 목적이 아닌 수단으로 여기는 것이다. 돈은 우리의 필요를 위해 존재해야지 그 이상이 되어서는 안 된다. 다시 말해 나의 삶이 돈을 위해 존재하는 것 같은 상태에 빠져서는 안 된다.

또한 돈에 대한 유혹을 한 번에 끊을 수 없음을 알아야 한다. 어느 누구도 돈의 유혹과 지배로부터 단숨에 자유로울 수는 없다. 따라서 크리스천도 돈을 가장 우선으로 추구하는 세상의 풍조에서 스스로를 지키고 더 나아가 하나님을 의지하고 섬기는 영적 상태를 유지하기 위해 끊임없이 노력하지 않으면 안 된다. 이런 관점에서 헌금의 의미에 대해 생각해 볼 필요가 있다. 크리스천이 돈의 유혹과 지배로부터 벗어나 자유를 누릴 수 있는 가장 좋은 방법 중 하나는 바로 기꺼운 마음으로 헌금을 드리고 이를 통해 하나님을 예배하는 것이다. 내가 온전한 마음의 동기로 하나님께 헌금을 드리는 것은 돈이 아니라 하나님을 의지하고 살겠다는 믿음의 표현이기 때문이다.

**네 보물 있는 그 곳에는 네 마음도 있느니라.** (마 6:21)

마음을 담아 드리는 온전한 헌금 행위는 돈의 지배로부터의 자유를 선언하고 하나님께 마음을 드리는 결단이다. 그러므로 하나님께 헌금을 드리는 것은 돈의 유혹과 지배 그리고 위협을 향해 믿음으로 맞서는 신앙 자세다. 또한 "나를 적게 가지면 넌 초라해지고 보잘 것없는 존재야. 내가 없으면 넌 불안해질 거야"라며 우리를 위협하고 지배하려는 돈을 향해 나는 돈이 아니라 하나님을 믿는다는 믿음의 선언이다.

## 정리
### 하기

1. 성경은 어떻게 돈이 하나님의 자리를 차지하고 인간의 관심과 사랑을 독차지할 수 있는지 여러 곳에서 경고한다(딤후 3:2; 히 13:5).

2. 돈은 삶의 수단이지 목적이 되어서는 안 된다.

3. 헌금은 하나님을 섬기고 그분께 마음을 드리는 믿음의 표현이다(마 6:21; 고후 9:7). 또한 신실하게 드리는 헌금은 자신을 지배하려는 돈의 힘으로부터 벗어나는 중요한 자유의 길이다.

## 생각
### 하기

1. 돈의 순기능과 역기능은 무엇인가?

2. 하나님보다 돈을 사랑한 적이 있는가?

3. 돈의 힘에 지배당하지 않고 우상이 되지 않게 하려면 어떻게 해야 하는가?(마 6:24-34)

4. 예수님은 믿는 자들에게 주어진 가장 큰 계명이 무엇이라고 말씀하셨는가?(마 22:37-38)

## 자기 영광 추구라는 우상

> 나 왕이 말하여 이르되 이 큰 바벨론은 내가 능력과 권세로 건설하여 나의 도성으로 삼고 이것으로 내 위엄의 영광을 나타낸 것이 아니냐 하였더니 이 말이 아직도 나 왕의 입에 있을 때에 하늘에서 소리가 내려 이르되 느부갓네살 왕아 네게 말하노니 나라의 왕위가 네게서 떠났느니라. (단 4:30-31)

최승원 목사는 얼마 전 교회를 개척했습니다. 추구하는 성공 모델과 목회의 성공 기준도 뚜렷하고 누구보다 열심인 목사입니다. 성도들에게는 최선의 만족을 주어 개척한 교회의 충실한 구성원이 되도록 노력했고, 개인적으로도 자기관리를 철저히 했습니다. 때로는 가족도 소홀히 할 수밖에 없었지만, 자신의 목표를 이루기 위해서는 피할 수 없는 과정이라고 스스로를 정당화했습니다. 그리고 목표하는 교회의 모습이 이루어졌을 때 모든 사람이 자신을 이해하고 알아줄 거라고 생각했습니다.

하지만 현실은 '완벽한' 최 목사의 뜻대로 따라주질 않았습니다. 목회는 기계나 컴퓨터를 다루는 것과 너무나 달랐습니다. 사람들은 최 목사의 바람과 달리 그다지 완벽하게 움직여 주질 않았습니다. 예배의 순서를 맡은 사람이 말도 없이 나타나지 않는가 하면 성도들 간의 갈등도 수시로 발생했습니다. 혹시라도 실망하고 교회를 등지는 사람이 생길까 봐 늘 조마조마했고, 불만스런 목소리가 들리면 이를 해결하기 위해 불면증에 시달리면서까지 최선의 지혜를 짜내어 보았지만 실패하는 경우도 자주 생겠습니다.

　물론 하나님이 베푸신 은혜도 분명히 있었고 발전적인 면도 있었지만 최 목사는 좀처럼 만족하거나 감사하기가 힘들었습니다. 자신이 계획하고 추구하는 교회의 성공 모델과 현실은 무척 동떨어졌기 때문입니다. 늘 쫓기는 마음과 생활 속에서 최 목사는 지쳐 가는 자신을 발견하게 되었습니다. '도대체 하나님은 무엇을 하시는지…내가 이렇게 열심히 노력하는데 하나님은 좀 도와주시지도 않고….' 사람들 앞에서는 하나님을 믿으라고 그리고 평강을 누리라고 설교하지만, 정작 자신은 잘 되질 않았습니다.

　완벽을 추구하는 성격의 사람들은 목표 의식도 강하고 또 상대적으로 기대치도 높은 편이다. 이들의 우상은 자신의 계획을 자신이 원하는 시간에 자신이 원하는 방식으로 이루는 것이다. 물론 맡은 일에 최선을 다하고 좋은 성과를 거두는 것 자체가 나쁘다는 말은 아니다. 하지만 이들의 문제는 하나님을 의지하기보다 자신의 열심과 열정을 의지하고 하나님의 인도하심의 시간표보다 자신의 시간표가 우선한다는 데 있다. 그래서 자기성공이라는 우상에 빠진 사람들은 늘 쫓기는 마음에 시달린다. 자신의 명석함과 노력과 열정이 합쳐지면 충분히 이루어질 일이라고 생각하고 노력하지만, 현실이 꼭 그렇지만은 않기 때문이다.

　그런데 이러한 성향의 사람들은 자신이 원하는 성공이 이루어질 때 영적으로 큰 위험에 빠지기 쉽다. 목표가 달성되면 자신의 능력과 명석함과 믿음까지 증명되었다고 확신하기 때문에 하나님의 이름을 들먹이면서도 은연중에 자신을 과시한다. 자신이 만든 성공이라는 왕국에서 최고의 자리에 앉아 영광을 누리려는 태도를 드러낸다. 게다가 사람들이 자신을 높이고 존경하며 자신이 정한 틀 속에서 절대적으로 복종하기를 요구한다. 안타깝게도 이들은 주위 사람들을 자신의 목적을 달성하는 수단으로 여기며 대하기 때문에, 진정한 사랑을 베풀기는커녕 오히려 실망과 상처를 주는 사람이 된다.

비단 목사들뿐 아니라 사업가나 직장인 또는 부모도 이러한 자기 우상화의 늪에 쉽게 빠질 수 있다. 사업을 성공적으로 일군 사람, 자녀를 훌륭하게 키운 부모, 입지전적인 인생을 산 사람의 '간증'에서 찾아보기 쉬운 모습이다. "내가 남달리 했더니 하나님이 남달리 성공시켜 주셨다. 그러니 여러분도 나처럼 하면 하나님이 나와 같은 성공을 주실 것이다."

그런데 문제는 이러한 신앙 성공신화의 간증이 자신뿐 아니라 주변 사람들까지 실족하게 만들 수 있다는 것이다. 책이나 집회를 통해 이들의 스토리를 접한 사람들은 대개 두 부류의 반응을 보인다. 첫째는, 나도 열심히 노력하여 하나님을 감동시켜서 특별한 복을 받고 대단한 성공을 이루겠다는 적극적인 부류다. 롤 모델로 삼은 대상을 흉내 내면서 자신에게도 비슷한 결과가 나타나기를 바라며 동일하게 성공이라는 우상을 좇아간다. 둘째는, 이러한 성공 스토리에 상처받는 부류다. 다른 사람들의 남다른 노력과 극적인 성공 스토리가 오히려 자신을 주눅 들게 만드는 것이다. 극적인 성공과 축복의 간증이 없으므로, 아마도 자신은 하나님이 덜 귀하게 여기시는 존재라고 생각하고 심지어 자신을 2등 크리스천쯤으로 여긴다. 어차피 노력해도 2류 성도라 생각하고 신앙생활도 소극적으로 변해 간다.

사람들이 얼마나 자주 스스로의 완벽한 계획 그리고 남다른 열심과 성공을 통해 자신만의 왕국을 이루려 하는지 모른다. 또 이러한 노력과 열정이 하나님의 축복을 이끌어낼 것이라고 생각한다. 물론 노력하지 말고 열심히 살지 말라는 말은 절대 아니다. 노력하고 열심히 사는 것이 게으른 삶보다는 훨씬 훌륭하다. 하지만 문제는 마음의 동기가 어디에 있느냐다. 완벽주의적인 계획과 노력을 통해 자기 성공을 추구하는 삶에서는 하나님의 자리가 빠지기 십상이다. 이들에게는 하나님의 영광을 구하거나 사람들을 사랑하고 섬기는 것보다 자신의 목표를 추구하는 것이 우선이다. 그러다 보니 주위 사람들을 섬기고 사랑하려는 마음보다, 의도했든 의도하지 않았든, 그들을 이용하거나 그들로부터 찬사를 받으려는 마음이 강하다.

이처럼 이기적이고 자기중심적인 욕망을 추구하려는 동기로 열심을 낼 때, 하나님은 우리가 원하는 성공을 허락하시지 않는다. 왜냐하면 그리스도를 인정하고 의지하는 겸손을 충분히 배우지 않은 상태에서의 성공은 우리의 영혼에 약이 아니라 독이 되기 때문이다. 하나님의 주된 관심사는 우리가 세상에서 성공하는 것이 아니라 우리가 그리스도를 닮아 가는 아름다운 영혼의 소유자가 되는 것이다. 우리는 "꿈을 반드시 이루어야만 나의 인생에 의미가 있을 것"이라고 주장하지만, 하나님은 "너의 꿈을 이루는 것보다 중요한 것은 너의 영혼이 나를 알아 가고 닮아 가는 것이다"라고 말씀하신다.

자신의 이기적인 노력과 그에 따른 자기중심적인 성공을 추구하는 사람은 필연적으로 교만과 불만의 노예가 된다. 일이 잘되면 교만해지고, 일이 뜻대로 되지 않으면 자신의 처지에 대해 하나님을 향한 불만을 갖게 된다. 그러나 하나님의 뜻을 좇아 사는 사람은 더 이상 실패와 성공에 따르는 교만과 불만의 롤러코스터를 타지 않아도 된다. 인간이 겪는 실패나 성공도 믿음의 눈으로 보았을 때는 하나님의 선하신 뜻이 이루어지는 과정에 불과하기 때문이다. 하나님의 영광과 뜻을 좇는 사람에게는 실패가 있을 수 없다. 하나님은 그 어떤 환경에도 우리의 길을 선하게 인도하시기 때문이다(롬 8:28).

자신에게 자기중심적인 성공이라는 우상을 추구하는 모습이 있다면 반드시 회개하고 그 우상을 내려놓아야 할 것이다. 그래야만 참다운 만족과 평안 그리고 마음의 안식이 주어질 수 있다. 자신의 계획과 목표가 중심이 되는 삶을 사는 사람에게는 주님이 약속하신 평강과 만족의 삶이 절대로 주어지지 않는다. 오히려 자신을 비우고 주님의 계획과 뜻을 따르는 사람들에게 진정한 평강과 만족의 삶이 주어진다. 내가 세운 목표를 이루려고 할 때는 모든 것이 나의 책임이지만, 온전히 주님께 맡긴 삶 가운데서 나의 책임은 그저 주님을 따르는 것이다. 이는 가벼운 짐일 뿐 아니라 주님이 인도하시는 삶 가운데 만족을 누리는 삶이다.

> 이에 예수께서 제자들에게 이르시되 누구든지 나를 따라오려거든 자기를 부인하고 자기 십자가를 지고 나를 따를 것이니라. (마 16:24)

자기를 부인하고 십자가를 지고 나를 따르라는 주님의 명령은 자기 영광을 추구하는 우상들과 숨은 동기를 내려놓고 온전히 주님을 따르라는 것이다. 자신의 계획과 노력으로 성공을 이루어 자기 왕국을 만들려는 갈망에 사로잡힌 삶을 살고 있다면 겸손히 주님 앞에 자신의 생각들을 내려놓아야 한다. 나의 생각과 욕심을 포기하고 주님의 주권 아래 겸손히 무릎 꿇어야 한다. 하나님의 자리를 내가 차지하려는 헛되고 악한 욕망으로부터 해방되어야 비로소 참된 평강과 쉼을 누릴 수 있다.

## 정리
### 하기

1. 자신의 계획과 열심을 통한 자기 성공의 삶은 결국 자기 영광을 구하려는 마음에서 출발한다(잠 25:27).

2. 자기 영광을 구하는 삶에는 열심이 있을 뿐 평강과 쉼과 진정한 만족이 없다. 또한 하나님과 주위 사람들을 이를 이루기 위한 수단으로 여긴다.

3. 자기 영광 추구라는 우상에 사로잡힌 사람은 회개를 통해 욕심으로부터 해방을 얻어야 한다. 하나님의 주권을 인정하고 영광은 하나님께 속함을 고백해야 한다. 그래야 참된 평강과 쉼을 얻을 수 있다(유 1:25).

## 생각
### 하기

1. 내가 세운 계획과 목표를 이루기 위해 지나치게 집착한 적이 있는가? 있었다면 나의 숨은 동기는 무엇이었는가?

2. 목표달성과 성공에 대한 집착으로 내가 겪었던 심리적 변화는 무엇인가? 타인을 대하는 태도에도 변화가 있었는가?

3. 하나님 안에서 열심히 사는 것과 성공에 대한 집착 사이에는 어떤 차이가 있는가?(고전 10:31; 롬 11:36) '자기 성공에 집착한 사람은 하나님께 속한 영광을 훔치려는 것이다'라는 명제에 대해 생각해 보자.

4. 자기 성공을 이루어서 자기 영광을 추구하려는 삶에서 벗어나려면 어떻게 해야 하는가?(벧전 5:5-6)

# 자녀라는 우상

> **[사랑은] 자기의 유익을 구하지 아니하며.** (고전 13:5a)

미애 씨는 중학생 아들과 초등학생 딸을 둔 엄마입니다. 남편도 미애 씨도 어릴 적부터 공부를 잘했지만 그다지 형편이 좋지 못한 가정에서 자라 더 공부하지 못한 것에 대해 늘 아쉬움을 갖고 있습니다. 그래서 미애 씨 부부는 둘만 낳아 최고로 키워 보자는 계획을 세웠습니다. 그 이면에는 자신들이 이루지 못한 삶을 자녀들을 통해 대리만족하려는 동기가 있었습니다. 아무튼 미애 씨 부부는 아이들에게 할 수 있는 최선의 투자를 했고, 최고의 교육을 받을 수 있도록 열심히 노력했습니다.

하지만 아이들은 미애 씨 부부의 기대와 완전히 딴판이었습니다. 아이들도 당연히 부모를 닮아 공부에 두각을 나타낼 것이라고 기대했건만, 두 아이 모두 공부에는 소질이 없어 보였습니다. 시험 때마다 이번에는 다를 것이라고 기대하였지만 아이들은 미애 씨 부부의 기대에 전혀 부합하지 못했습니다. 아이들의 시험 성적에 대한 기대가 실망이라는 결과로 나타나기를 반복하는 동안 미애 씨 부부의 마음은 병들어 갔습니다. 남편보다 미애 씨가 더 안달하고 힘들어 했습니다.

결혼 초보다 일에 더 몰두하는 남편은 미애 씨가 원하는 만큼 아이들에게 관심을 쏟지 못했습니다. 그리고 이따금 아이들을 혼내는 미애 씨 옆에서 오히려 아이들을 두둔하는 남편의 태도는 미애 씨를 분노하게 했습니다. 평소에는 아이들의 공부에 별 관심을 쏟지도 않으면서 아이들을 감싸는 모습을 보이는 남편이 위선적으로 여겨졌습니다. 자녀를 위한 특별 기도회에서 공부를 잘하게 해달라고 기도도 열심히 했는데 좀처럼 응답해 주시지 않는 하나님이 야속하게 느껴졌습니다. 가끔은 자신이 왜 아이들에게 이런 혹독한 모습으로 변해 가는지 의아하기도 했지만, 사랑하는 아이들을 위한 것이라고 합리화했습니다. 그러는 사이에 아이들의 마음도 병들어 갔습니다. 미애 씨는 날마다 우울함과 분노를 번갈아 느꼈습니다.

미애 씨는 분명히 아이들을 사랑한다. 하지만 그 사랑이 아이들의 잘됨을 통해 자신이 못 이룬 꿈을 이루고 대리만족을 얻으려는 욕심으로 발전하면서 자식을 우상의 자리에 가져다 놓고 말았다. 물론 미애 씨는 이 사실을 자각하지 못하고 있다. 마음 깊은 곳에 자녀를 통해 자신의 존재 가치를 증명하고 확인받으려는 강한 욕구가 자리 잡고 있다는 사실을 말이다.

한편으로는 자녀들이 성공하지 못할 경우에 대한 두려움이 미애 씨를 옭아맨다. 분신처럼 자신을 대변할 자녀들이 실패한 인생을 살게 될까 봐 두려운 것이다. 그러는 사이 미애 씨는 점점 아이들의 학교 성적에 감정과 마음을 지배당하고 말았다. 사랑하는 차원을 넘어 자식을 하나님의 자리에 가져다 놓고 자신의 삶을 실제적으로 지배하는 우상으로 만들어 버린 것이다.

어느 사회와 문화를 보더라도 자녀를 우상화하는 경향은 매우 강하다. 자식의 성공과 행복을 통해 인생의 가치와 위치를 확인받으려는 부모의 본능적인 갈망이 '자식 사랑'이라는 가면으로 표현되는 경우가 아주 흔하다. 또한 부모가 누리는 사회경제적 위치가 자녀들에 의해 유지되고 향상되어야 한다는 강박관념이 부모를 짓누를 때도 많다.

크리스천 부모도 예외는 아니다. "범사가 잘되고 자녀도 잘되는 것이 하나님의 축복과 사랑의 증거"라는 교회의 흔한 가르침 때문에 자녀에게 문제가 있다는 사실을 자신의 신앙에 문제가 있다는 것으로 연결하는 경우가 적지 않다. 그래서 믿음과 기도를 통해 자녀를 성공적으로 키웠다는 주위 사람들의 자랑이 들릴 때면 그만큼 성공적인 자녀를 두지 못한 부모들은 쉽사리 수치심과 열등감을 느끼게 된다. 특히나 세상의 기준에서 자식을 성공적으로 키운 크리스천 부모들 중에는 자녀들의 성공이 마치 부모인 자신을 향한 하나님의 사랑과 축복의 증거인 것처럼 말하기도 한다. 이러한 축복 공식이 사실이라면 불신 가정의 자녀가 성공하는 경우는 어떻게 설명할 수 있단 말인가?

세상적인 성공과 하나님의 축복을 동일시하는 것은 하나님의 은혜에 대한 왜곡된 해석일 뿐이다. 이런 해석은 다른 사람들을 시험에 들게도 한다. 자녀들이 세상적으로 성공하지 못한 것 때문에 하나님께 실망하여 신앙의 뿌리가 흔들리는 부모들도 흔히 볼 수 있으니 말이다. 이처럼 비뚤어진 신앙관 때문에 스스로를 비난하고 수치스럽게 여기는 부모가 있다면, 믿음의 부모로서 자녀들에게 줄 수 있는 가장 귀한 선물이 무엇인지 고민해 보아야 할 것이다. 자녀가 세상에서 성공하는 것보다 중요한 것은 하나님을 바로 알고 사랑하며 하나님이 원하시는 성숙한 믿음의 사람이 되는 것이다. 그래야 자녀가 진정으로 하나님을 의지하고 그분의 은혜에 대한 확신 가운데 행복한 삶을 살아갈 수 있다.

자녀의 성취나 성공에 기대고 의지하는 삶은 결코 복음의 삶이 아니다. 이러한 삶의 기준은 자녀가 잘되면 우쭐하고 반대로 잘되지 않으면 움츠리게 만든다. 기억하기 바란다. 아무리 좋고 훌륭하고 사랑스러운 것이어도, 하나님의 자리를 차지하고 앉아 삶을 지배한다면 그것이 바로 우상이다. 자녀는 하나님이 부모에게 맡겨 주신 귀중한 존재이지 부모가 자기 욕심대로 조종하는 대상이 아니다. 더 나아가 진정으로 자녀를 사랑할 줄 아는 부모는 자녀에게 집착하는 부모가 아니라 하나님께 매달리며 자녀를 바라보고 보살피는 부모다.

하나님을 우선순위에 둔 부모가 진정으로 자녀를 사랑할 수 있다. 하나님께 집중할 줄 아는 부모가 자녀의 진정한 필요가 무엇인지 알고 보살피고 도와주고 양육할 수 있기 때문이다. 사실 자녀들에게 가장 필요한 것은 성적도 성공도 아니다. 바로 예수 그리스도를 알고 구원의 삶을 살아가는 것이다. 자녀를 세상적인 성취와 성공으로 내몰아간다면 본의 아니게 자녀를 궁지로 몰아넣는 것이다. 정작 가장 중요한 영적인 필요를 돌보지 않으면서 어떻게 자녀를 사랑한다고 할 수 있겠는가?

　　마태복음 16장 26절에서 예수님은 "사람이 만일 온 천하를 얻고도 제 목숨을 잃으면 무엇이 유익하리요"라고 말씀하셨다. 크리스천 부모는 세상의 우상적 가치들을 내려놓고 자녀들에게 그 무엇보다 중요한 것을 먼저 줄 수 있어야 한다. 공부를 등한시해도 좋다는 뜻이 아니라 삶의 우선순위를 올바로 가르쳐야 한다는 뜻이다. 하나님을 첫 번째로 둘 때 자녀뿐 아니라 부모도 우상숭배의 삶을 벗어나 하나님의 인도하심을 받고 그분 안에서 평강을 누리는 참된 행복의 삶을 살 수 있다.

## 정리하기

1. 자녀를 통해 자신의 존재 가치와 삶의 의미를 발견하려는 부모의 마음은 사랑이 아니다.

2. '자식 사랑'이라는 명분 아래 자녀는 쉽사리 하나님의 자리를 차지하고 우상이 될 수 있다.

3. 자녀를 진정으로 사랑하는 부모는 먼저 하나님을 사랑할 줄 아는 부모다.

4. 하나님을 중심에 둔 부모와 자녀에게 가장 중요하고 우선시되는 것은 예수 그리스도를 통한 구원과 은혜의 삶이다.

## 생각하기

1. 우리 사회에서 '자식 사랑'은 주로 어떤 형태로 나타나는가?

2. 비뚤어진 '자식 사랑'은 어떤 부작용을 낳는가?

3. 자녀를 우상으로 삼는 부모들이 주로 하는 자랑은 무엇인가? 그들의 삶에서 공통적으로 나타나는 특징은 무엇인가?

4. 자녀를 진정으로 사랑할 줄 아는 부모가 되려면 먼저 어떤 부모가 되어야 하는가?

# 부모라는 우상

**아버지나 어머니를 나보다 더 사랑하는 자는 내게 합당하지 아니하고. (마 10:37a)**

상준 씨는 자신이 늘 부모님의 기대에 못 미치는 아들이라는 생각에 불안하고 열등감을 느낍니다. 현재 다니는 직장도 그럭저럭 다닐 만은 하지만, 부모님 친구의 자녀들과 비교하자니 역시나 자신의 모습이 초라하게 느껴집니다. 겉으로 표현을 하시지는 않지만, 부모님께 자신이 만족스러운 자식이 아니라는 사실은 잘 알고 있습니다. 상준 씨는 어릴 적부터 공부도 잘하고 운동도 좋아했습니다. 성적표나 상장을 받아오는 날이면 "역시 내 자식은 달라. 넌 뭐가 되어도 크게 될 거야"라는 칭찬을 들었습니다. 그럴 때마다 상준 씨는 기분이 좋았고 '앞으로 더 잘해서 부모님을 기쁘시게 해 드려야지'라고 다짐했습니다.

그런데 커 가면서 더 높아지는 부모님의 기대와 달리 상준 씨의 인생은 별로 신통할 것이 없는 쪽으로 흘러갔습니다. 별 기대도 하지 않던 동생은 오히려 좋은 직장에 들어갔습니다. 하지만 상준 씨는 자꾸만 기대에 못 미치는 삶으로 떨어지는 자신의 모습 때문에 부모님 앞에 당당히 나타날 수가 없습니다. 부모님 앞에서는 말수가 점점 적어지고 전화를 드리는 횟수도 뜸해졌습니다. 부모님의 생일이나 특별한 날이면, 수입에 비해 지나치게 해드리려는 상준 씨 때문에 불만인 아내와 싸우기 일쑤입니다. 부모님께 흡족히 해드리지 못할 때 상준 씨가 느끼는 불안감과 우울함을 아내는 잘 이해하지 못했습니다.

상준 씨는 부모님께 인정받아야 한다는 부담감과 불안감에 자신이 왜 이렇게 시달리는지 의문이 들었습니다. 세상에서 가장 사랑하고 이해해야 할 가족과 이렇게 지낸다는 것이 상준 씨 스스로도 납득하기 어려웠지만, 부모님과의 내면의 거리감과 긴장감의 문제는 좀처럼 해결의 기미를 보이지 않은 채 세월만 흘러갔습니다. 그러던 어느 날 상준 씨는 교회에서 우상에 관한 설교를 듣다가 뭔가 망치로 머리를 얻어맞은 듯한 느낌을 받았습니다. 어려서부터 자신의 마음속 깊이 자리 잡고 있는 커다란 우상 하나를 발견한 것입니다. 바로 부모님의 인정을 통해 자신의 존재 가치를 확인받으려는 우상이었습니다.

우리 사회에서 상준 씨와 같은 사람들을 찾아보기란 어려운 일이 아니다. 어려서부터 부모의 기대치에 부응하고 부모로부터 주어지는 인정을 통해 자신의 존재 가치를 확인받도록 반복적으로 학습받은 사람들에게 부모의 인정은 너무나 쉽게 우상의 자리를 차지한다. 물론 부모 공경은 십계명의 다섯 번째 계명일 만큼 중요하다(출 20:12). 하지만 존경하고 사랑하는 마음으로 부모를 공경하는 것과 부모의 인정에 지배당하는 것에는 엄청난 차이가 있다.

주위를 둘러보면, 부모로부터 충분히 인정받지 못해 정서적으로 불안정하고 인격적으로 성숙하지 못한 사람이 의외로 많다. 또한 어느 정도 인정을 받은 사람들도 그 인정을 유지해야 한다는 강박관념에 시달리는 경우가 많다. 이렇게 부모의 인정에 얽매인 사람들은 성인이 되거나 결혼을 한 뒤에도 부모로부터 정신적으로 독립하지 못할 때가 많아 배우자나 주위 사람들과 성숙한 관계를 맺지 못하곤 한다.

부모의 인정에 대한 비정상적인 의존 그리고 부모의 인정을 얻지 못해 나타나는 불안과 좌절이 나의 삶을 정서적으로 정신적으로 지배한다면, 부모의 인정에 노예가 되었다는 증거다. 부모로부터 오는 인정에 얽매인 삶은 하나님을 바로 알고 하나님과 올바른 관계를 맺는 것도 어렵게 만든다. 인정을 사이에 둔 부모와의 관계 설정 방식이 하나님과의 관계에 그대로 적용되기 때문이다. 부모의 기대에 부합하여 인정받으려는 애처로운 노력을 하나님을 향해서도 그대로 하려 들기 때문이다. 그래서 자신이 그 기준에 부합하다고 생각하면 하나님 앞에 당당히 나아가지만, 자신의 노력과 성취가 부족하다고 생각하면 하나님의 인정이 주어지지 않을 것이라고 지레짐작해 하나님과의 관계가 소원하다고 단정해 버린다.

물론 이것은 복음 안에서 주어지는 하나님의 인정과 관계 설정 방식이 절대 아니다. 부모의 인정이라는 우상의 굴레를 벗어나지 못하면 부모님이나 하나님과 올바른 관계를 맺을 수 없을 뿐 아니라 진심에서 우러나오는 공경이나 사랑을 할 수가 없다. 인정을 받았다는 자만심이나 못 받았다는 두려움과 좌절감에서 나오는 공경은 진정한 의미의 공경이 아니다. 인정을 유지하거나 확인받으려는 마음의 동기 또는 실패에 대한 부담감이나 두려움 속에서는 부모를 향한 진정한 공경과 사랑이 불가능하다. 부모는 자식을 향해 기대라는 잣대를 유지하고 자식은 이 조건 속에서 시달리는데 어떻게 진정한 공경과 사랑이 가능하겠는가? 더 나아가 이런 건강하지 못한 관계 속에서 길들여진 사람이 어떻게 하나님 아버지와 올바른 관계를 누릴 수 있겠는가? 조건적인 인정에 길들여진 사람이 어떻게 하나님의 무조건적인 사랑과 인정 그리고 받아 주심을 받아들이고 누릴 수 있겠는가?

그렇다면 부모의 기대와 인정이라는 우상으로부터 어떻게 벗어날 수 있을까? 시간이 오래 걸리더라도 반드시 답을 얻어야 할 중요한 질문 중 하나다. 길은 하나다. 바로 복음 안에서 주어진 하나님의 무조건적인 사랑과 인정의 은혜를 깨달음으로써 부모로부터 인정받아야 한다는 강박과 두려움을 벗어 버려야 한다. 성경은 두려움과 사랑이 공존할 수 없으며 진정한 사랑이 결국 두려움을 이기고 몰아낼 수 있다고 가르친다.

> 사랑 안에 두려움이 없고 온전한 사랑이 두려움을 내쫓나니 두려움에는 형벌이 있음이라. 두려워하는 자는 사랑 안에서 온전히 이루지 못하였느니라. (요일 4:18)

부모의 기대와 인정으로부터 오는 강박과 두려움을 극복하는 길은 하나님의 온전한 사랑을 알고 적용하는 것이다. 두려움과 사랑은 서로 반비례한다. 사랑하는 만큼 두려움은 없어지며 반대로 두려워하는 만큼 사랑할 수 없게 된다. 복음은 우리가 예수 그리스도 안에서 이미 하나님께 자녀로 인정받았다고 가르친다. 우리는 이미 영원하신 하나님 아버지께 최고의 인정을 받았다. 그러므로 부모의 인정에 목마른 사람들이 하나님의 인정이라는 충만한 은혜를 깨닫고 맛보고 또 그 무조건적이고 신실하신 하나님의 인정을 누린다면 부모의 인정이라는 굴레를 벗어날 수 있을 것이다.

그리고 이 굴레로부터 벗어날 때 하나님의 사랑으로 부모님을 인격적으로 사랑하는 것이 가능케 된다. 하나님이 우리를 인정하고 받아들이신 증거는 바로 하나밖에 없는 아들을 우리를 위해 십자가에 못 박으셨다는 사실이다. 죄인인 우리를 너무나 사랑하셔서 그리고 우리를 자녀로 영원히 인정하고 받아들이시려고 하나님이 자기 아들을 십자가에 내어 주셨다. 우리의 노력과 무관하게 오직 하나님의 은혜로 값없이 주어진 것이다.

더 놀라운 사실은 인간의 노력이 예수 그리스도 안에서 주어진 하나님의 인정을 더하게 하거나 덜하게 할 수 없다는 것이다. 하나님이 어떻게 독생자를 주신 것 이상으로 우리를 인정하실 수 있겠는가? 또한 우리가 죄인임을 알고도 일방적으로 베푸신 하나님의 인정하심의 은혜는 그 누구도 우리에게서 빼앗을 수 없다. 우리를 향하신 하나님의 인정과 받아 주심이 우리의 노력이나 행위에 달려 있는 것이 아니라 어제나 오늘이나 영원토록 변함없으신 예수 그리스도의 십자가 복음의 은혜와 능력에 달려 있기 때문이다.

우리를 향한 하나님의 인정은 언제나 동일하다. 언제나 무조건적이다. 누가복음 15장에 나오는 둘째 아들을 향한 아버지의 인정도 아들이 집을 떠났을 때나 돌아왔을 때나 변함이 없다. 변한 것이 있다면 아들의 깨달음이다. 자신이 지은 불경과 방탕의 죄 때문에 아버지가 받아 주지 않을 것이라는 예상과 달리, 아버지는 여전히 둘째 아들을 자식으로 인정하고 받아 주었을 뿐 아니라 그 아들로 인해 기뻐하기까지 했다. 이것이 복음 안에서 주어진 하나님의 불변하는 인정이며, 이 인정과 받아 주심의 은혜를 깨닫는 것이 부모로부터의 인정이라는 우상을 벗어나 진정한 부모자식 관계를 맺을 수 있는 토대다.

**정리 하기**

1. 부모를 공경하는 것은 성경의 가르침이다(출 20:12). 하지만 부모를 공경하는 것과 부모의 인정에 삶이 지배당하는 것은 다르다.

2. 하나님은 자신의 자녀들을 아무런 조건 없이 언제라도 인정하고 받아 주시는 아버지다.

3. 하나님 아버지로부터 이미 최고의 인정을 받았다는 사실을 깨달을 때 부모로부터의 인정에 목말라하고 지배당하는 삶에서 벗어날 수 있다.

4. 부모의 인정에 지배당하는 우상숭배의 삶에서 벗어날 때 진심으로 부모를 공경하고 사랑할 수 있다.

**생각 하기**

1. 부모님의 인정을 받아서 기뻤던 적이 있는가?

2. 아직 부모님의 기대에 못 미치는 인생을 살고 있는 것 같은가? 부모님 앞에 떳떳하지 못하고 마음이 무거운가?

3. 부모님을 향한 참 사랑은 무엇인가?

4. 이미 받은 최고의 인정은 무엇인가?

# 죄책감이라는 우상

**여호와여 주께서 죄악을 지켜보실진대 주여 누가 서리이까. 그러나 사유하심이 주께 있음은 주를 경외하게 하심이니이다.** (시 130:3-4)

은혜 씨 부부는 지난 주 교통사고를 당했습니다. 좁은 지방도로를 달리다 미끄러져서 논두렁 입구에 있는 전봇대를 들이받은 것입니다. 차는 많이 파손되었지만 다행히 인명피해는 없었습니다. 은혜 씨는 어머니에게 사고를 알리면서 아마 지난달에 교회를 한 주 빼먹고 십일조도 드리지 않은 것이 원인이었을 거라고 설명했습니다. 그리고 덧붙여 이렇게 말했습니다. "교통사고 때문에 돈은 들었지만 그래도 하나님께 찝찝했던 마음을 털어 버리게 되어서 마음은 좀 편해요. 십일조 안 낸 만큼 하나님이 다른 데 쓰게 만드시네요." 은혜 씨가 살면서 생기는 일들을 이런 식으로 해석하기 시작한 지는 좀 오래 되었습니다. 특히 좋지 않은 일들이 생길 때면 대부분 하나님이 자신의 잘못에 대한 대가를 치르게 하시는 것이라고 생각하며 살아왔습니다.

이렇게 생각하게 된 데는 결정적인 계기가 있었습니다. 결혼을 하고 낳은 첫 아이는 태어날 때부터 인큐베이터 신세를 지더니 계절마다 감기에 걸리고 잔병치레가 잦았습니다. 은혜 씨는 아이가 아플 때마다 건강하게 해달라고 열심히 기도했습니다. 그러던 어느 날 자는 아이를 보면서 기도하는 중에 불현듯 소름 끼치는 생각이 스쳐 지나갔습니다. '바로 그

거야, 하나님이 이 아이를 통해 나에게 대가를 치르게 하시는 거였어.' 비로소 이 모든 일의 앞뒤가 들어맞는 듯한 느낌이 들었습니다.

은혜 씨는 지금의 남편과 사귀는 중에 혼전임신을 하여 낙태를 한 적이 있었습니다. 이것이 은혜 씨가 얻은 결론이었습니다. '내가 과거에 낙태한 죄의 대가를 지금 이 아이를 통해 치르게 하시는구나. 역시 하나님은 빈틈이 없으신 분이었어.' 생각이 여기에 이르자 은혜 씨는 아이가 아플 때마다 한편으로는 이렇게까지 집요하게 구시는 하나님이 무섭고 야속했지만, 다른 한편으로는 자신의 죄에 대한 값을 조금씩 갚아 나간다는 일종의 보상심리도 느꼈습니다. 언젠가 대가를 다 치르고 나면 나를 이전처럼 다시 따뜻하게 받아 주실 거라고 스스로를 위로하곤 했습니다. 그날을 앞당기기 위해 앞으로는 최대한 죄를 덜 짓고 실수하지 않도록 노력할 거라고 다짐도 했습니다.

결론부터 말하자면 은혜 씨가 믿는 하나님은 성경의 하나님이 아니라 은혜 씨 자신이 만들어 낸 우상이다. 물론 하나님은 사랑하는 자녀들이 죄를 짓거나 잘못된 길을 가려 할 때 매를 드시기도 하고 호된 훈련을 시키시기도 한다. 그러나 하나님은 결코 자녀들의 죄에 대해 앙갚음하거나 정죄의 벌을 내리시는 분이 아니다. 하지만 은혜 씨가 믿는 하나님은 사랑의 매를 드시는 하나님이 아니라 벌을 줌으로써 죄에 대해 앙갚음을 하시는 하나님이다. 교회에 열심히 다니고, 봉사나 헌금생활도 충실히 하고, 일상에서도 경우에 어긋나는 행동은 절제하면서 모범적인 삶을 살아가는 은혜 씨의 마음에 있는 하나님은 평안과 기쁨보다 죄책과 긴장을 주시는 분이다.

본래 도덕심이 강한 은혜 씨에게 본인이 낙태를 했다는 사실은 도저히 용납할 수 없는 과거다. 하나님이 은혜 씨의 죄를 용서하기 위해 자기 아들을 십자가에 죽이셨다는 복음의 메시지를 수도 없이 들어 왔음에도, 그렇게 무책임하게 자신의 잘못을 떨쳐 버릴 수는 없다고 생각한다. 아니, 은혜 씨 스스로가 자신을 용납하지 못한다. 오히려 그 대가를 자신이 치르는 게 정당하고 떳떳한 길이라고 생각한다. 이런 생각을 가지고 신앙생활을 하다 보니, 은혜 씨에게는 어느새 자신의 삶에서 일어나는 모든 일을 자신의 시각과 잣대로 판단하고 해석하는 버릇이 생겼다. 이처럼 자신의 소견에 옳은 대로 하나님과의 관계를 해석하고 설정한 결과, 은혜 씨는 성경의 하나님이 아니라 지극히 인간적인 생각에 바탕을 둔 하나님을 만들고 말았다. 도덕적인 틀을 벗어나는 자녀들의 행동에 대해서는 반드시 벌을 주시고 그에 상응하는 대가를 치르도록 하시는 하나님 이미지를 은혜 씨 스스로 만들어 낸 것이다.

은혜 씨에게는 잘못에 대한 대가를 갚도록 요구하며 갚을 기회를 주시는 하나님이 이해하고 받아들이기에 더 수월했다. 결국 은혜 씨가 만들어 낸 하나님은 은혜와 용서의 하나님이 아니라 앙갚음의 하나님이 되어 버렸다. 은혜 씨의 이러한 시도는 예수 그리스도의 십자가 죽음을 통한 용서와 받아 주심을 의지하기보다 자신의 죄에 대한 대가를 지불하면서 스스로 죄를 갚아 나가려는 것이다. 인간적인 죄 갚음의 노력을 통해 스스로 죄의 대가를 치르는 구세주 역할을 하려는 것이다.

은혜 씨가 만들어 낸 하나님은 참 하나님이 아닌 우상에 불과하다. 이렇듯 해결되지 않은 죄책감은 필연적으로 성경이 가르치는 참된 하나님이 아닌 자신의 생각 속에 갇혀 있는 우상을 만들어 낸다. 그렇다면 우리는 죄에 대해 어떤 태도를 취해야 할까? 죄에 대한 진심어린 뉘우침과 회개는 분명히 필요하다. 그러나 뉘우침만으로 끝나는 회개는 진정한 회개가 아니다. 진정한 회개는 반드시 예수 그리스도를 향한 믿음으로 이어져야 한다. 하나님 앞에서 죄를 뉘우치는 회개는 동시에 나의 그 죄 때문에 십자가에서 피 흘리고 죽으신 예수 그리스도의 은혜를 받아들이는 믿음으로 연결되어야 한다. 그러나 죄의 뉘우침이 믿음으로 연결되지 않으면, 많은 사람이 하나님과 관계가 소원해지거나 스스로 죄에 대한 대가를 지불하려는 복음과 동떨어진 생각에 이르게 된다. 그 죄를 보상할 수 있는 선행이나 열심을 쌓거나 그 죄를 씻을 수 있는 형벌의 대가를 치러야 하지 않을까라는 지극히 인간적인 생각을 하게 된다.

하지만 우리가 죄에 대한 대가를 치를 수 있고 하나님 앞에 바로 설 수 있다면 왜 예수님이 십자가에서 죽으셨겠는가? 인간이 하나님 앞에서 깨끗한 양심을 갖게 되는 유일한 길은 예수님의 피의 공로이지 나의 노력이나 심지어 나의 고통의 공로가 아니다. 내가 어떤 노력이나 고통으로 하나님 앞에 바로 설 수 있을 거라고 생각한다면, 이것은 예수 그리스도의 필요를 정면으로 부인하는 것이다. 오직 예수 그리스도만이 우리의 죄와 죄책감의 문제를 해결하실 수 있다는 사실을 기억하자.

> 그러므로 이제 그리스도 예수 안에 있는 자에게는 결코 정죄함이 없나니.
>
> (롬 8:1)

여기서 '정죄함'이란 죄에 대해 심판하거나 처벌한다는 의미다. 하나님은 우리가 죄를 뉘우치기를 원하실 뿐 절대 우리를 정죄하거나 처벌하지 않으신다. 그렇게 하실 필요가 없기 때문이다. 하나님의 아들 예수께서 우리의 과거와 현재와 미래의 모든 죄에 대한 하나님의 진노와 형벌이 담긴 잔을 우리를 대신하여 십자가에서 이미 마시셨기 때문이다(마 26:39). 물론 하나님은 그분의 자녀들이 죄 짓는 것을 원치 않으신다. 죄를 짓더라도 여전히 그분의 아들 예수 그리스도를 의지하는 믿음을 갖고 일어서서 하나님께 다가오기를 원하신다. 요한일서의 말씀은 하나님을 믿는 우리의 죄가 그분 앞에서 어떻게 다루어지는지 가르쳐 준다.

> 나의 자녀들아 내가 이것을 너희에게 씀은 너희로 죄를 범하지 않게 하려 함이라. 만일 누가 죄를 범하여도 아버지 앞에서 우리에게 대언자가 있으니 곧 의로

우신 예수 그리스도시라. 그는 우리 죄를 위한 화목 제물이니 우리만 위할 뿐 아

니요 온 세상의 죄를 위하심이라. (요일 2:1-2)

믿는 자들이 짓는 모든 죄는 하나님의 법정에서 다루어진다. 하나님은 죄를 심판하는 의로운 재판관이시며 사탄은 우리에게 벌을 주라고 주장하는 검사와 같은 존재다. 그렇다면 예수 그리스도는 누구신가? 그분은 우리의 변호사인 동시에 우리의 죗값을 이미 다 치르신 대속의 속죄양이시다. 우리의 과거와 현재와 미래의 모든 죄에 대한 대가를 십자가에서 하나도 남김없이 완전하게 치르신 분이 바로 예수 그리스도시다. 그러므로 사탄이 우리를 정죄할 때 우리가 바라볼 것은 사탄이 아니라 예수 그리스도다.

예수님이 우리의 모든 죄에 대한 대가를 이미 치르셨기 때문에 의로운 재판관이신 하나님은 우리의 죄에 대해 항상 '무죄'라고 판결하신다. 우리의 모든 죄에 대한 응당한 처벌과 하나님의 절대적인 정의의 요구가 그리스도의 십자가에서 이미 이루어졌기 때문이다. 그렇다고 해서 일부러 죄를 짓거나 죄 자체를 가볍게 여기라는 말은 결코 아니다. 그러나 믿는 자들에게는 죄 또한 예수 그리스도의 십자가를 통한 하나님의 은혜를 깨닫게 하는 통로다. 이것을 깨달은 사도 바울은 다음과 같이 외친다. "그러나 죄가 더한 곳에 은혜가 더욱 넘쳤나니"(롬 5:20b).

죄를 짓고 자신을 바라보거나 사탄의 정죄하는 음성에 마음이

사로잡힌다면 죄책감에서 헤어날 길은 없다. 이럴 때일수록 더욱 더 예수 그리스도를 바라보아야 한다. 그래야 진정한 회개가 가능하고 예수 그리스도의 십자가를 통한 하나님의 은혜를 더욱 깊이 깨닫고 감사할 수 있다. 19세기 스코틀랜드의 목사 로버트 맥체인(Robert M'Cheyne)은 이렇게 말한다.

자신의 죄를 한 번 바라볼 때마다 그리스도의 은혜를 열 번 바라보도록 하십시오.

**정리
하기**

1. 죄책감과 죄책감을 모면하려는 몸부림이 신앙생활의 동기라면 불행한 일이다.

2. 죄책감은 하나님을 죄인을 정죄하고 죄에 대한 대가를 치르게 하시는 분으로 만든다. 그러나 이는 성경이 가르치는 하나님의 모습이 아니다.

3. 자신의 죄에 대한 대가를 치르겠다는 생각은 스스로 구원자가 되려는 헛된 노력으로, 여기에는 예수님의 십자가의 대속 은혜가 들어설 자리가 없다.

4. 죄책감을 벗어날 수 있는 유일한 길은 예수 그리스도의 십자가 능력을 믿는 것이다. 십자가는 나의 과거, 현재, 미래의 모든 죄를 용서하신 하나님의 은혜다(엡 1:7; 벧전 3:18; 고후 5:21).

5. 믿는 자들에게는 하나님의 사랑의 매가 있을 뿐 징벌은 없다(히 12:5-8; 롬 8:1). 또한 믿는 자들의 죄에 대한 대가는 그리스도께서 이미 십자가에서 다 치르셨다.

**생각
하기**

1. 죄책감에 시달려 본 적이 있는가?

2. 죄책감에서 벗어나는 유일한 길은 무엇인가?(롬 7:24-8:1)

3. 죄책감이 지속되면 내 안에서 어떤 모습의 하나님이 만들어질 수 있는가?

4. 죄를 지었을 때 내가 할 수 있는 일은 무엇인가?(요일 1:9-2:2)

# 6.

## 내면 깊숙이 숨어 있는 우상:
## 겉모습에 잘 나타나지 않는 길 잃음

사람의 생각은 깊은 물과 같지만, 슬기로운 사람은 그것을 길어 낸다.

(잠 20:5, 새번역)

지혜 씨는 약 5년 전쯤 크리스천이 되었습니다. 친구의 소개로 교회에 몇 번 나가다가 수련회를 따라가게 되었는데, 저녁예배를 드리던 중 예수님을 영접할 사람은 앞으로 나오라는 목사님의 말씀에 이끌려 예수님을 구주로 영접하게 되었습니다. 그 순간 자신의 죄가 한 편의 슬라이드처럼 지나가더니 십자가에 매달리신 주님의 은혜가 자신을 위한 하나님의 사랑이었다는 사실을 깨닫게 되었습니다.

그날 밤 지혜 씨는 이 세상에서 가장 달콤한 잠을 잘 수 있었습니다. 놀랍게도 다음 날부터 지혜 씨는 이전과 너무나 다른 경험을 했습니다. 마음에 저절로 감사와 기쁨이 넘쳤습니다. 모든 것이 감사했고, 하나님이 늘 함께하신다는 사실이 신기하고도 가슴 벅찼습니다. 말씀 보고 기도하고 감사하는 삶보다 쉬운 것은 없다고 느껴졌으며, 주위에 신앙생활을 오래 했으면서도 자신처럼 기쁨과 감사가 충만하지 않아 보이는 사람들이 이해되지 않았습니다. 수시로 기도응답을 체험하는 기쁨과 보람의 날들을 보내는 가운데 몇 달이 흘렀습니다.

그러다가 이상하게 감사와 기쁨이 점점 지혜 씨의 삶으로부터 빠져나가는 것을 느꼈습니다. 그러더니 지혜 씨도 교회 안의 다른 무덤덤한 사람들처럼 되어 버리고 말았습니다. '왜 감사와 기쁨이 예전만 못한 걸까? 계속 기쁘고 감사한 삶을 살고 싶은데 왜 안 되는 걸까?'라고 스스로 묻고 생각해 보았지만 알 길이 없었습니다. 함께 교회에 다니는 언니들에게 상담도 해 보았지만 신통한 답을 얻지는 못했습니다. 그러는 동안 지혜 씨의 삶은 활기를 잃어 갔고 크리스천으로 산다는 것이 기쁘기는커녕 오히려 무기력하고 때로 죄와 씨름하느라 괴롭게까지 여겨졌습니다.

그러던 어느 날 교회 목사님께 상담받을 기회가 생겼습니다. 예전에는 감사와 기쁨이 넘쳤는데 왜 이렇게 무기력한 삶을 살게 되었는지 모르겠다고 털어놓았습니다. 그런데 감사의 삶을 살고 싶다는 지혜 씨에게 던진 목사님의 첫 마디는 다소 의외였습니다. 목사님은 지혜 씨에게 "왜 감사의 삶을 살고 싶으냐?"라고 물었습니다. 크리스천이 하나님께 감사를 드린다는 것은 너무나 당연하다고 생각해 왔기 때문에, 목사님의 질문은 지혜 씨를 당황하게 만들었습니다. 하지만 이 질문은 지혜 씨의 마음속에 있는 감사의 진짜 동기를 바라볼 수 있도록 내면의 문을 열어 주는 열쇠가 되었습니다.

첫 질문을 통해 지혜 씨는 자신이 감사하는 삶을 살고 싶었던 진짜 이유가 하나님께 감사하고 싶어서가 아니라는 것을 깨달았습니다. 지혜 씨 자신이 기쁘고 행복해지고 싶었던 것입니다. 하나님께 감사하는 삶을 살고 싶다고 말로 표현도 하고 생각했지만, 사실 더 깊은 내면의 고민은 전에 가졌던 마음의 기쁨이 없어졌다는 데 있었습니다. 지혜 씨는 자신의 삶에 감사가 없었던 이유가 기쁨이 사라졌기 때문이라는 사실을 알게 되었습니다.

따라서 지혜 씨의 진짜 고민은 하나님을 향한 감사가 실종된 것이 아니라 이전에 누리던 내면의 기쁨이 부재한 것이었습니다. 이것을 깨닫게 된 지혜 씨에게 목사님이 던진 두 번째 질문은 "왜 지혜 씨의 삶에서 기쁨이 사라졌느냐?"였습니다. 이 질문을 통해서 지혜 씨는 좀 더 깊이 자신의 내면을 들여다볼 수 있었습니다. 지혜 씨는 놀랍게도 자신이 하나님과의 관계에서 혼란스러운 상태며 실망과 두려움도 많이 갖고 있다는 사실을 알게 되었습니다. 처음 믿었을 때의 기쁨과 감사의 상태에서 벗어난 지혜 씨는 이전의 상태로 돌아가고 싶어 합니다. 그런데 왜 이렇게 길을 잃은 것일까요?

지혜 씨가 예수님을 처음 주님으로 믿게 되었을 때는 모든 것이 예수님이었습니다. 지혜 씨를 향한 하나님의 사랑도 예수님이었고, 그 사랑의 증거도 십자가의 예수님이었습니다. 그때 지혜 씨는 자신을 향한 예수님의 사랑 때문에 기뻤고, 그분의 은혜 때문에 감사했습니다. 그런데 시간이 지날수록 자신도 모르게 기쁨과 감사의 근거가 예수님에서 점차 다른 것들로 옮겨 갔습니다. 그 출발은 바로 지혜 씨를 향한 하나님의 기도응답이었습니다. 처음에는 예수님과 십자가의 복음에서 하나님의 사랑을 확인하고 그 은혜를 누릴 수 있었는데, 시간이 지날수록 하나님이 자신의 기도에 응답하시는지 아닌지를 통해 하나님의 사랑을 확인하려고 했던 것입니다. 십자가를 통해 보여 주신 절대적이고 변함이 없는 예수님의 사랑이 아니라 주관적이고 늘 변하는 상황 속에서 자신을 향한 하나님의 사랑의 증거를 찾으려 했던 것입니다.

자신이 원하는 방향으로 상황이 이루어지는 것 같을 때는 하나님이 자신을 사랑하신다고 생각했고, 그 반대로 자신이 원하는 방향으로 되지 않는 것 같을 때는 하나님의 사랑을 의심했습니다. 그 결과 지혜 씨의 확신은 흔들렸고, 그 흔들림이 마음의 불안과 실망 그리고 영적인 혼돈 상태에까지 이르게 했던 것입니다. 하나님이 지혜 씨가 원하는 방향으로 기도에 응답하시지 않을 때가 많았기 때문입니다. 기쁨과 감사의 삶은 당연히 불가능해졌고, 급기야 지혜 씨의 신앙생활이 뿌리째 흔들리게 되었습니다. 지혜 씨는 이 전이 과정을 거의 의식하지 못하고 있었습니다. 이 모든 일은 지혜 씨가 의식할 수 없는 가운데 천천히 마음속에서 일어났습니다.

그렇다면 어떻게 이런 변화가 일어난 것일까요? 처음 믿음을 갖게 되었을 때, 하나님과 기도를 통해 대화를 나눈다는 것 자체가 지혜 씨에게는 아주 자발적인 일이었고 비밀스런 기쁨이었습니다. 무엇보다 누군가 믿을 수 있는 대상에게 자신의 삶을 털어놓을 수 있다는 사실이 좋았습니다. 또 기도를 하면 하나님이 들어주신다는 생각 때문에, 기도제목을 하나님께 말씀드리고 응답을 기다리는 과정은 기대와 설렘의 시간이었습니다. 하지만 언제부터인가 기도응답을 기다리는 것이 긴장되고 때로 실망스럽기까지 했습니다. 하나님께 드린 기도에 지혜 씨가 원하는 응답이 있을 때는 기뻐서 감사의 기도를 드릴 수 있었습니다. 하지만 기도를 드렸는데 응답이 없거나 간구한 대로 들어주시지 않을 때는 실망스러움에 기운이 빠지고 의문이 생기기도 했습니다. '나를 사랑하신다면서 왜 내가 이렇게 간절히 기도하는데 들어주시지 않는 걸까? 나한테 관심이 없어지신 걸까? 아니면 내가 뭘 잘못해서 하나님이 실망하셨나?'라는 의문이 생겼습니다.

그러다가 아주 심각한 상황을 몇 번 겪게 되었습니다. 교회에 지혜 씨가 좋아하던 오빠가 있었는데, 믿음도 좋고 성격도 좋아서 지혜 씨뿐만 아니라 다른 자매들도 호감을 갖고 있는 오빠였습니다. 이 오빠도 지혜 씨에게 관심이 있는 것 같아 하나님께 오빠와 사귈 수 있게 해달라고 기도했습니다. 열심히 기도했음에도 결국 오빠는 다른 자매와 연인관계가 되었습니다. 지혜 씨의 실망은 이만저만이 아니었습니다. 지혜 씨는 하나님께 섭섭한 마음을 금할 수가 없었습니다.

이렇게 시간이 지나면서 지혜 씨의 삶과 신앙은 메말라 갔습니다. 지혜 씨 자신도 하나님께 실망해서 무관심해졌고, 하나님도 이런 자신에게 실망하셨을 거라고 생각하면서 하루하루 살아갔습니다. 물론 감사의 삶은 더 이상 지혜 씨의 것이 아니었습니다. 오히려 하나님이 지혜 씨의 삶을 지금보다 더 꼬이게 하실까 봐 두려운 마음이 들기까지 했습니다.


## 어디서 길을 벗어났을까?

각자 사연은 다르겠지만, 교회 안에는 지혜 씨와 같은 딜레마에 빠진 사람들이 더러 있다. 과거의 기쁨과 감사에 대한 향수를 갖고 있지만, 현재는 메마른 삶을 사는 사람들이다. 이들은 적당히 체념하고 하나님과 거리를 두고 살면서도 한편으로는 이전에 친밀했던 하나님과의 관계를 회복하고 싶어 한다. 수련회나 기도원도 쫓아가 보지만 일시적인 감정의 변화가 생활 속의 지속적인 회복으로 연결되지 않는 경우가 대부분이다.

무엇이 잘못되었을까 고민하며 눈물로 기도도 해 보지만 결국 적당히 포기한 채 살아가는 쪽을 택하고 만다. 이들이 하나님을 향해 느끼는 주된 감정은 실망과 원망이다. 하나님이 자신의 간절한 기도를 들어주시지 않아서 실망스럽고 또 실망이 오래 되어서 원망하는 상태로까지 악화된다. 그 결과 감사하는 신앙생활은 거의 불가능해진다. 이들의 마음에 진정한 기쁨과 만족이 없기 때문이다. 물론 하나님은 여전히 이들을 사랑하시고 또 이들이 그분의 사랑을 다시 발견하기를 애타게 기다리신다.

그렇다면 어디서부터 무엇이 잘못된 것일까? 결론부터 말하면, 그리스도를 벗어난 것이다. 사람이 추구하는 기쁨과 감사의 삶은 그 조건이 충족될 때 가능하다. 그런데 감사와 기쁨의 조건을 변함없는 하나님의 은혜가 아니라 변화하는 세상 속에서 찾기 때문에 감사의 삶 또한 흔들리게 된다. 자기 아들을 십자가에 죽기까지 내어 주신 하나님의 사랑 속에서 나를 향한 사랑의 증거를 충분히 얻었음에도, 이젠 십자가가 아닌 세상의 것들을 통해 하나님의 사랑을 확인하려고 하기 때문이다.

신앙생활의 초창기에는 하나님과 십자가의 은혜가 감사와 기쁨의 근본적인 조건이었지만, 시간이 흐를수록 내가 원하는 것들을 하나님이 들어주시는지 여부가 감사의 더 큰 조건이 되어 버린다. 그 결과 삶의 기쁨과 감사의 원천이 그리스도의 십자가에서 세상의 것들로 옮겨 가고, 하나님이 내가 원하는 대로 들어주시는 경우에는 사랑받고 있다는 확신이 들지만 그렇지 않을 때는 하나님의 사랑을 의심한다.

우리는 하나님의 변함없는 사랑과 은혜의 가장 확실한 증거인 예수님의 십자가를 이미 가지고 있는 사람들이다. 그런데 하나밖에 없는 아들을 죽기까지 내어 주신 하나님께 또 다른 사랑의 증거를 요구한다는 것은 그분의 가슴을 무척 아프게 하는 일이다. 십자가는 하나님 사랑의 가장 확실하고 충분한 증거며 이 십자가를 깨달아 가는 영혼의 삶에는 감사와 감격이 살아 움직이게 된다. 나를 향한 하나님의 변함없는 사랑과 은혜를 알면서 감사하지 않을 영혼은 없을 것이다. 반대로 이 세상에서 일어나는 일들을 바라보며 만족과 감사의 주된 이유들을 찾으려 한다면 "범사에 감사하라"는 하나님의 뜻을 좇아 살기는 불가능해진다.

하나님이 "범사에 감사하라"고 하신 것은 우리에게 주어진 좋은 상황들 때문에 감사하는 삶을 살라는 뜻이 아니다. 상황을 바라보면 범사, 즉 모든 일에 감사할 수 있는 삶이 절대 될 수 없다. 우리 인생에는 감사할 수 없고 우리가 원하지 않는 상황이 더 자주 일어나기 때문이다. 갑자기 심각한 병에 걸리거나 사고를 당하는 경우, 그토록 노력했지만 바로 세워지지 않는 가족관계, 기도하고 매달렸는데 실패하는 사업, 열심히 구하고 바라는데 안 생기는 결혼상대, 온 열정과 열심을 쏟아부었음에도 성적이 저조한 자녀들, 번번이 퇴짜당하는 이력서 등 이루 말할 수 없는 불행의 조건들이 주위에 널려 있다. 그런데 성경 어디에서도 하나님은 세상의 모든 불행을 고쳐 주겠다고 약속하지 않으셨다. 그것은 천국에서나 이루어질 일이다.

하나님이 약속하신 삶은 지금은 눈에 보이지 않지만 언젠가 주님이 다시 오실 때 나타날 하나님 나라에서의 완전한 삶이지 이 땅에서의 완전한 삶이 아니다. 하나님은 오히려 세상의 여러 고난과 실망스러운 상황 속에서도 십자가의 사랑 때문에 우리가 만족하고 기뻐하며 평강을 누리기를 원하신다. 하나님은 어려운 상황 속에서도 그분의 은혜를 믿는 믿음 때문에 흔들리지 않고 만족할 줄 아는 영혼들을 기뻐하시고 그분의 자랑으로 여기신다(히 10:38-39). 이것이 성경이 말하는 믿음의 삶이다.

성경은 인생의 분명한 진리 중 하나를 알려 준다. 인생에는 좋은 일도 생기고 실망스럽고 고통스러운 일도 생긴다는 사실이다. 이 세상을 사는 동안 좋은 일만 생기지는 않는다는 사실을 우리는 받아들여야 한다. 그렇다면 좋은 일이 생길 때 또 반대로 힘든 일이 생길 때 믿는 사람이 취해야 할 태도와 삶의 자세는 무엇일까? 솔로몬은 전도서에서 이렇게 인생의 지혜를 전한다.

> **형통한 날에는 기뻐하고 곤고한 날에는 되돌아보아라.** (전 7:14a)

이 말씀에 믿는 사람들의 지혜가 들어 있다. 먼저 좋은 일이 있을 때는 기뻐하고 감사하라는 것이다. 형통한 날을 인생의 윤활유로 여기고 기쁨과 감사의 자연스러운 삶을 누리라는 것이다. 문제는 나쁜 일이나 힘든 상황이 주어질 때 어떻게 하여야 지혜로운 것일까에 관한 것이다. 인생의 힘든 상황과 역경 속에서 하나님은 우리가 어떻게 처신하기를 원하실까? 그 답은 바로 "되돌아보아라"("생각하여라", 새번역)이다. 어려운 일이 닥칠 때 그냥 절망하고 불안해하고 하나님을 원망할 것이 아니라 먼저 생각하라는 뜻이다. 그렇다면 무엇을 생각하라는 것일까? 자신이 그리스도 안에서 어떤 존재인지 생각하라는 것이다. 그리스도 안에서 하나님의 은혜로 하나님의 자녀라는 너무나 값진 은혜를 이미 받고 의인이 되었다는 사실을 생각하라는 말이다.

십자가를 통해 주어진 값진 은혜, 어떠한 경우에도 빼앗길 수 없고 잃을 수 없는 구원의 은혜를 생각하고 그 고난과 고통을 견디다 보면 결국에는 고난도 하나님이 우리의 유익을 위해 쓰시는 선한 도구라는 사실을 깨달을 때가 올 것이다.


## 감사와 만족의 삶을 회복하기 원한다면

감사와 만족의 삶을 회복하기 원한다면 먼저 이를 방해하는 원인을 찾아내야 한다. 겉으로 드러난 이유들 뒤에 숨어 있는 진짜 이유를 볼 줄 알아야 한다. 이 숨어 있는 이유들은 대부분 우리가 갈망하는 우상들이며, 이 우상들을 향한 마음 쏟음이 주님을 향한 마음 쏟음을 능가하기 때문에 감사와 만족이 사라지게 된다. 따라서 우리 마음 깊숙한 곳에서 그리스도의 자리를 차지하고 있는 숨은 우상들을 찾아내고 그것들을 향한 비신앙적이고 지나친 갈망들을 주님을 향한 갈망으로 바꾸지 않는다면, 진정한 감사와 만족의 삶은 불가능하다.

이러한 갈망의 방향 전환이 이루어지려면 하나님의 사랑과 그리스도의 십자가 은혜에 대한 깊고 오묘한 맛을 알아야 한다. 복음에 담겨 있는 십자가 은혜의 아름다움과 감동을 믿음의 눈으로 보고 깨닫고 맛봄이 주기적으로 일어나지 않으면 세상을 통해 만족을 얻으려는 헛된 갈망들을 멈추기란 불가능하다. 그래서 복음을 지속적으로 듣고 그 은혜의 깊이를 날마다 알아 가야 한다. 우리 영혼이 정말로 원하는 것은 복음의 은혜를 통한 감동이다. 이 은혜의 감동만이 우리의 영혼을 진정으로 만족시키고 안심시키고 감동시킬 수 있다.

## 정리하기

1. 겉으로 드러난 영적인 침체 뒤에는 복음의 길을 잃음과 세상을 좇는 우상의 모습이 들어 있다.

2. 내면의 깊숙한 동기를 찾아내려면, 현재 느끼는 불만, 불안, 메마름 등의 숨은 원인들을 찾아내야 한다.

3. 그리스도의 십자가를 통해 보여 주신, 나를 향한 하나님의 절대불변의 사랑과 은혜에 대한 믿음과 확신으로 날마다 나아가야 한다. 그래야 변화하는 상황에서도 진정한 만족과 기쁨의 삶으로 나아갈 수 있다.

4. 신앙생활의 방향은 복음의 은혜를 더욱 깊이 깨달아 가며 그것에 의해 감사하고 감동하고 지배받는 믿음의 삶으로 나아가는 것이다.

## 생각하기

1. 만족과 기쁨보다 불만과 불안을 자주 느끼는가? 그 원인이 무엇인지 생각해 보자.

2. 하나님의 사랑을 의심해 본 적이 있는가? 언제 그랬는가?

3. 성경은 우리를 향한 하나님 사랑의 가장 확실한 증거가 무엇이라고 말하는가?(롬 5:8)

4. 그리스도의 복음 안에서 나에게 주신 절대적인 약속과 축복과 영원한 나의 신분은 무엇인가?(롬 8:16-17, 29-39; 사 41:10-14; 마 6:25-32)

5. 복음 안에서 은혜로 주어진 축복과 약속과 신분을 믿고 나아가는 훈련과 연단을 통해 나의 삶에 어떤 변화가 일어나겠는가?(히 12:11; 갈 5:22-23)

# 7.

## 스스로 우상이 되려는 목자들: 길을 잃게 하는 지도자들

이제 내가 사람들에게 좋게 하랴 하나님께 좋게 하랴 사람들에게 기쁨을 구하랴.
내가 지금까지 사람들의 기쁨을 구하였다면 그리스도의 종이 아니니라. (갈 1:10)

장옥자 권사님은 교회에서 성실하기로 소문난 분이었습니다. 교회의 모든 예배와 행사에 빠지는 경우가 거의 없으며, 헌금생활도 빈틈이 없었습니다. 무엇보다 목사님의 말씀에는 어떤 일이라도 순종하는 권사님이었습니다. 그래서 권사님의 모범적인 신앙생활을 본받으라고 목사님은 자주 다른 성도들에게 말했습니다.

어려서부터 권사님은 주의 종에게 순종하라는 가르침을 자주 들었습니다. 자연히 권사님은 주의 종인 목사님께 순종하는 것이 하나님께 순종하는 것과 같다는 생각으로 신앙생활을 해 왔고, 이에 대해 별다른 의구심을 가져 본 적이 없었습니다. 오히려 교회에서 모범을 보이고 목사님의 말씀에 순종할 때 주어지는 인정과 칭찬이 마치 하나님으로부터 오는 인정과 칭찬 같아 자신의 신앙생활을 뿌듯하게 여기며 살아왔습니다. 가끔은 마음으로 받아들이기 힘든 경우도 있었지만, 그래도 무조건 순종하는 것이 믿음의 참 길이라고 여겼기 때문에, 늘 목사님의 방침에 자신을 맞추려고 노력했습니다.

한 번은 권사님들에게 얼마 이상을 건축헌금으로 내놓으라는 목사님의 지시가 있었습니다. 집안 형편으로 보아 감당하기 어려운 액수였지만, 남편 모르게 은행대출을 받으면서까지 부족한 부분을 채워 헌금을 드렸습니다. 하나님이 그 이상으로 채워 주실 거라고 스스로 다독이면서 목사님의 말씀을 받들었습니다. 어떤 때는 목사님의 설교 말씀이 수긍이 되지 않지만, 아멘으로 순종하는 삶이 올바른 삶이라는 가르침 때문에, 자신의 생각을 억누르고 그저 남들처럼 '아멘' 하며 동의했습니다. 주일에는 항상 제일 깨끗하고 좋은 옷을 골라 입고 갔으며, 얼굴에 온화한 미소를 짓느라 하루 종일 애쓴 나머지 저녁예배를 마치고 집에 오면 볼이 얼얼할 때가 많았습니다.

그런데 이상하게도 어느 날부턴가 권사님의 마음에 작은 불편함이 싹트기 시작했습니다. 그러더니 매사에 의욕이 조금씩 없어지고 자신을 추켜세우는 주위 사람들이 부담스러워지기 시작했습니다. 또 그전에는 자주 보고 눈도장을 찍고 싶었던 목사님을 슬슬 피하기까지 했습니다. 시간이 지날수록 가슴 한구석에 돌덩이가 들어 있는 것처럼 느껴졌으며, 어떤 때는 설교 도중 자리를 박차고 일어나 나가고 싶은 충동을 느끼기도 했습니다. 권사님 스스로도 왜 이렇게 자신이 변해 가고 있는지 알 길이 없었습니다.

이때까지 자신을 칭찬의 눈으로 바라보던 모든 시선이 너무나 부담스러워졌습니다. 심지어 목사님을 향해서는 마음 깊숙한 곳으로부터 알 수 없는 화까지 불쑥불쑥 올라왔습니다. 평소 목사님의 말씀이 잘못되었다고 생각하면서도 꾹 눌러 왔던 생각과 감정들이 막 뛰쳐나오려는 것 같았습니다. 그리고 그럴 때마다 죄책감에 시달렸습니다. 목사님에 대해 불순종하는 마음을 갖는 것이 하나님을 향해 불순종하는 마음을 보이는 것으로 여겨졌기 때문입니다. 전에는 주일을 기다렸는데 이제는 주일이 다가오는 것이 무척 부담스럽습니다. '내가 왜 이렇게 변해 가는 걸까?' 몇 번이고 생각해 보았지만, 그 이유를 잘 모르겠고 그렇다고 누구한테 털어놓기란 더더욱 불가능했습니다.

그러던 어느 날 평소 가깝게 지내던 나이 많으신 여자 전도사님이 집으로 심방을 오셨는데, 그분의 다정한 태도에 용기를 얻었는지 갑자기 말문이 열리면서 자신의 마음을 털어놓을 수 있었습니다. 억눌렸던 화산이 한꺼번에 폭발하여 쏟아지듯 마음의 앙금들이 두서없는 이야기로 터져 나왔습니다. 그토록 오랫동안 가슴을 꽉 막고 짓누르던 돌덩이가 빠져나간 것처럼 마음에 구멍이 생기더니, 그 속에서 평소에는 차마 할 수 없던 말들이 튀어나왔습니다. 권사님은 한참을 꺼이꺼이 울기만 했습니다. 그러고는 이렇게 소리쳤습니다. "이것은 사람 사는 것이 아니에요. 난 도저히 이렇게 살 수가 없어요. 이때까지 삶이 다 위선 같아요. 그리고 목사님이 너무 밉고 사람들이 너무 싫어요. 그저 시키는 대로만 하려고 노력했는데 가슴이 너무 답답하답니다."

전통적인 한국 교회 안에는 수많은 장옥자 권사님이 있다. 비록 아직까지는 파국의 상황에 이르지 않았을지라도, 권사님과 비슷한 유형의 신앙생활을 하는 영혼이 의외로 많다. 이들은 처음에 순수한 마음으로 신앙생활을 시작했을 것이다. 그저 위에서 시키는 대로만 하면 되는 줄 알고 열심히 충성하고 봉사하며 살았을 것이다. 하지만 시간이 지날수록 이들의 순수함과 열심이 비뚤어진 권위주의의 압박 속에서 잘못 길들여지고 진정한 크리스천의 삶과 동떨어지게 된 것이다. 이들은 목사님의 말씀을 하나님의 말씀처럼 여기고 목사님의 말씀을 거스르는 것을 하나님께 불순종하는 것으로 생각한다.

목사님을 기쁘게 하는 것이 하나님을 기쁘시게 하는 것이고, 목사님을 주의 종이라고 떠받들고 섬기면 하나님이 인정하시지만 그렇지 않을 경우에는 하나님의 눈 밖에 날 것 같은 두려운 마음이 신앙생활의 주된 동기다. 이들은 순종만을 미덕으로 여기며 목사님의 권위에 대한 불복종은 감히 있을 수 없는 일이라고 생각하도록 길들여진다. 하지만 시간이 지날수록 오히려 하나님과 멀어지고 사람의 눈치를 보며 사람을 기쁘게 하려는 마음의 노예가 된다. 그러다 보니 하나님께 순종하고 하나님을 기쁘시게 하는 삶과 목사님께 순종하고 목사님을 기쁘게 하는 삶 사이의 경계가 모호해지면서 이러지도 저러지도 못하는 처지에서 신앙생활을 해나간다. 결국 목사가 하나님의 자리를 차지하는 우상이 되고 만다.

이러한 맹목적인 순종에 길들여진 사람들이 교회의 중책을 맡으면 자연히 다른 사람들도 이들의 신앙생활을 따라 하는 분위기가 된다. 나중에는 이것이 교회의 지배적인 분위기로 자리 잡아 교인들 대부분이 길들여진다. 물론 이것은 하나님이 원하시는 교회의 모습과 거리가 멀다. 이런 교회에서는 성령 안에서의 자유를 누릴 수 없고, 오히려 체면과 눈치와 감시의 틀 안에서 사람들의 시선을 두려워하게 된다. 목사님이나 교회의 방침을 잘 따르면 인정이 주어지지만 그렇지 않을 경우에는 비판이 주어지는 분위기가 팽배해진다. 뒤에서는 수군거릴 수 있지만 공식적인 자리에서는 모두가 입을 다물어야 한다.

## 목사의 당연한 권위

베드로전서 2장 9절은 "너희는 택하신 족속이요 왕 같은 제사장들이요"라고 가르친다. 모든 믿는 사람이 하나님의 자녀로서 동일한 신분과 가치를 지니며 모두가 하나님을 예배함에 부르심을 받은 제사장이라는 의미다. 이 근본적인 신분에는 목사와 평신도의 차이가 없다.

목사와 평신도가 구별되는 것은 역할의 차이다. 목사의 가장 중요한 역할은 하나님의 말씀을 열심히 연구하여 성도들에게 그 말씀을 있는 그대로 전달하는 것이다. 여기에 목사로서의 성경적인 권위가 존재한다. 목사 자신의 생각이나 욕심이 아니라 말씀을 맡은 자로서 목사 자신을 포함한 모든 성도가 이 말씀의 권위에 순종하도록 권면하고 가르치는 데 목사의 권위가 사용되어야 한다. 그러므로 말씀을 맡은 자로서 목사의 권위와 책임은 성도들에 의하여 존중되어야 하며 양들을 주님께로 인도하는 데 필요한 권위 또한 부여되어야 한다.

성경은 성도들을 양에 비유하고 예수님을 목자에 비유한다. 그렇다면 목사는 어디에 비유될 수 있을까? 양치는 광경을 본 사람들은 양을 치는 목자에게 반드시 필요한 존재가 있다는 것을 알 것이다. 그것은 바로 양치기 개, 즉 목양견들이다. 이 목양견은 양들을 이리 같은 짐승의 위협으로부터 보호하며 또 양들이 길을 잃거나 이탈할 때 목자가 있는 곳으로 돌아가도록 인도하는 역할을 담당한다. 성도들이 양이고 예수님이 목자라면, 교회의 목사나 사역자들은 목양견처럼 양들을 그들의 진정한 목자이신 예수님을 따라가도록 인도하고 도와주는 역할을 맡은 자들이다. 그러므로 목사의 주된 역할은 양들이 길을 잃지 않고 예수님을 충성스럽게 따라가도록 하는 것이다. 목자 되시는 예수님을 열심히 따르고 순종하는 교회 안의 성도들은 당연히 목사의 성경적인 역할과 권위를 존중하고 목사는 성도들을 주님의 마음으로 사랑하고 섬길 것이다.

너희의 지도자는 한 분이시니 곧 그리스도시니라. (마 23:10b)

    모든 목사와 사역자는 양들을 섬김으로 인도하고 다스려야 하며, 그 궁극적인 목적은 바로 예수 그리스도께로 양들을 데려가고 불러 모으는 것이다. 물론 이 과정에서 예수님의 영광이 드러나야 하며 목사는 그 영광 뒤에 감추어져야 한다. 이것이 목사의 역할이며 이 역할을 올바로 수행하는 데 필요한 것이 목사의 권위다. 그러므로 목사의 진정한 권위는 세상의 권위와 차원이 다르다. 이것은 진리를 사수하는 권위며, 성도들을 돌보고 그들에게 본을 보이는 권위여야 한다.

## 순종과 맹종의 차이

우리는 여기서 순종과 맹종(맹목적인 복종)의 차이를 알아야 한다. 하나님은 우리에게 순종을 원하시지 결코 맹종을 원하시지 않는다. 맹종은 독재자들이나 원하는 것이다. 하지만 불행하게도 강압적이고 권위주의적인 교회의 지도자들이 이런 맹종을 원하는 경향이 있다. 이들은 양들을 길들여 순종과 맹종을 모두 얻으려 하지만 결국에는 맹종밖에 얻지 못한다. 순종과 맹종은 분명히 다르다. 순종은 마음에서부터 우러나오는 행위로, 그 대상을 존경하고 신뢰하는 마음에서 나오는 자발적인 따름의 모습이다. 하지만 맹종은 마음의 자발적인 상태와 관계없이 강압적이고 율법적인 분위기 때문에 누군가의 명령이나 뜻을 따르는 것이다.

하나님이 원하시는 것은 순종이지 맹종이 아니다. 하나님은 사랑하는 자녀들이 그분의 은혜를 깨달음으로써 마음이 녹아 하나님을 순종하고 따라오기를 원하신다. 우리가 하나님의 사랑과 은혜를 진정으로 깨달아 갈 때 순종은 우리의 당연한 반응으로 나타난다. 비록 이해할 수 없는 상황에 처할지라도 하나님을 신뢰하기 때문에 순종하며 나아가는 것이 믿음이다. 하지만 강압적인 권위주의는 맹종을 강요한다. 맹종을 강요하는 사람들은 양들의 마음이나 그들로부터 진정한 신뢰를 얻는 것에 별 관심이 없다. 이들은 단지 자신의 뜻과 결정을 양들이 무조건 따르기를 원한다. 그래서 권위주의는 절대로 양들의 진정한 마음을 얻을 수 없고 그들에게 하나님의 은혜를 깨닫게 할 수도 없다.

## 지혜로운 양이 되라

이처럼 강압적이고 권위주의적인 교회 문화와 상황 속에서 목사님의 눈치를 보며 괴로운 신앙생활을 하고 있다면 스스로에게 이렇게 질문해 보기 바란다. "목사님이 나의 죄를 위해 십자가에서 죽으셨는가 아니면 예수님이 죽으셨는가?" 당신이 순종해야 하는 대상은 예수님과 그분의 말씀이지 목사의 개인적인 생각이나 사사로운 욕심이 아니다. 강압적인 권위주의자들의 궁극적 관심은 하나님의 나라가 아니라 자신이 권위를 휘두르고 통치하는 자기왕국이다.

하나님을 이용하고 경건을 유익의 재료로 삼아 자신의 야망과 욕심을 채우려는 것이 이들의 근본적인 동기다. 그래서 양들을 자신의 목적을 위한 수단으로 여길 뿐 하나님의 사랑의 대상으로 여기지는 않는다. 따라서 강압적이고 권위주의적인 지도자 밑에 있는 교인들은 하나님이 원하시는 양들의 모습으로 자라기가 거의 불가능하다. 하나님은 사랑하는 자녀들이 그분의 은혜에 대한 감사와 감격 속에서 날마다 더욱 하나님께 순종하며 하나님을 닮아 가기를 원하신다. 또한 사랑하는 자녀들이 이웃을 사랑하고 존중하는 삶을 살기를 원하시지, 사람을 두려워하고 맹목적으로 복종하는 삶을 살기를 원하시지 않는다. 우리가 두려워하고 경외할 대상은 오직 하나님뿐이다. 그러므로 사람을 두려워할 때 우리는 영혼의 자유를 잃는 노예 상태가 되고 더 나아가 신앙생활의 길을 잃게 된다.

**사람을 두려워하면 올무에 걸리게 되거니와 여호와를 의지하는 자는 안전하리라.**

(잠 29:25)

## 정리 하기

1. 강압적인 권위주의는 성경이 가르치는 리더십이 아니다.

2. 하나님은 사랑하는 자녀들이 목사의 성경적인 가르침과 권위에 순종하기를 원하시지 맹목적인 복종을 원하시지 않는다.

3. 양들이 참 목자이신 예수 그리스도의 음성을 듣고 그분을 따라가도록 인도하고 돕는 것이 목사의 역할이다.

4. 하나님의 자리를 목사가 차지하고 성도의 삶을 지배하기 시작하면 목사가 우상으로 전락할 수 있다.


## 생각 하기

1. 목사의 말에 좌지우지되는 신앙생활을 한 경험이 있는가?

2. 목사의 성경적인 권위는 어디에서 나오며 어디까지 존중되어야 하는가?(딤후 4:2; 벧전 5:1-5)

3. 성경적인 순종과 맹종은 어떻게 다른가? 각각 누구를 기쁘게 하기 위해서인가?(갈 1:10)

4. 맹종은 어떤 결과를 가져오는가?(잠 29:25; 갈 5:1)

5. 주님과의 관계에 있어서 목사와 평신도의 차이점과 공통점은 무엇인가?(요 10:27; 엡 4:11-12)

# 8.

## 자기중심의 우상이 주는 괴로움:
## 자기중심으로 벗어난 길

너희가 성경에서 영생을 얻는 줄 생각하고 성경을 연구하거니와 이 성경이 곧 내

게 대하여 증언하는 것이니라. (요 5:39)

성찬 씨의 신앙생활 방식은 스스로를 참 피곤하게 만듭니다. 예를 들어 성경을 읽을 때면 자동적으로 자신이 해야 할 일은 무엇인지 혹은 하나님이 요구하시는 것은 무엇인지에 대한 말씀이 먼저 눈에 들어옵니다. 왜냐하면 그런 말씀들을 어떻게 지키고 순종하느냐에 따라 인생이 달라질 것이라고 믿기 때문입니다. 성찬 씨에게 크리스천의 삶이란 한마디로 요약해서 "하나님이 하라는 대로 열심히 해서 내가 원하는 삶을 이루는 복을 받자"입니다. 그래서 그런지 최근 몇 년 동안 하나님 안에서 안식한다는 느낌을 받아 본 적이 거의 없습니다.

성찬 씨가 주일학교 시절부터 자주 듣던 설교는 대부분 성경 속에 나오

는 위인들을 본받아 살면서 하나님께 크게 쓰임받고 복 받도록 노력하라는 내용이었습니다. 성찬 씨 스스로도 사람들 가운데서 머리가 될지언정 꼬리는 되고 싶지 않았습니다. 자연히 성경을 읽을 때면 아브라함은 어떻게 했는지, 요셉은 그리고 다윗은 어떻게 했는지에 관심이 쏠렸고, 그들처럼 훌륭한 사람이 되고 싶었습니다.

하지만 그런 노력에도 불구하고 성찬 씨의 현재 삶은 바라던 모습과 거리가 먼 지극히 평범한 삶입니다. 하지만 여전히 자신의 평범한 삶이 획기적으로 바뀌어서 언젠가는 자신이 꿈꾸는 삶이 이루어지기를 바라며 살아갑니다. 그리던 성공이 이루어지는 순간을 상상하는 것만으로도 희열을 느끼며, 그 꿈을 이루기 위해 하나님의 도우심이 절대적으로 필요하다고 생각합니다. 성찬 씨에게 하나님과 주변 사람들이 필요한 이유는 무척 자기중심적입니다. 하나님은 자신의 꿈이 이루어지도록 도움을 주셔야 할 존재며, 사람들은 자신의 성공을 우러러봐야 하는 존재들이기 때문입니다.

우리는 대부분 자기중심적인 삶을 산다. 그래서 "어떻게 하면 내가 꿈꾸는 삶을 이루어서 행복할 수 있을까?"에 가장 큰 관심을 둔다. 이처럼 자기중심적인 꿈의 추구는 다른 모든 가치보다 우위를 점령하며 사람들의 삶을 지배한다. 아침에 눈뜰 때부터 저녁에 잠자리에 들 때까지 전반적인 생각과 관심의 중심은 자신에 관한 것이다. 그런데 이러한 자기중심적 삶은 우리를 괴롭게 한다. 현재와 미래의 갈망, 또 이에 대한 지나친 집착은 필연적으로 걱정과 초조함 그리고 두려움과 우울함을 만들어 낸다. 혹여나 이루어지지 않을까 봐 초조하고 불안하며 때로는 나의 갈망을 방해하는 사람들이나 상황들 때문에 좌절감을 느끼고 화를 내기도 한다.

또한 우리가 강하게 집착하는 자기중심적인 갈망들은 자신의 인생에 다른 길이나 선택이 존재하지 않는 것처럼 스스로를 몰아간다. 그 결과 자신이 갈망하는 우상의 노예가 되어 살아간다. 그리고 하나님 나라 안에서 자신의 존재를 발견하기보다 나만의 작은 왕국을 만들기 위해 몸부림치며 살 때가 많다.

나를 중심으로 세상이 움직여 주기를 바라고 내가 주인공인 삶을 만들고 싶어 하는 인간의 본능으로부터 자유로운 사람은 아마 없을 것이다. 그렇다면 인간의 이러한 본능적인 자기중심성은 어디에서 오는 것일까? 하나님이 최초로 창조하신 아담과 하와는 에덴동산에서 하나님을 전적으로 의지하는 삶 가운데 아무런 부족함이 없었다. 육신의 모든 필요가 채워졌으며, 두려움이나 걱정 같은 문제는 존재하지 않았다. 하지만 이 완벽한 에덴의 평화와 질서가 무너지는 사건이 벌어졌다. 아담과 하와가 뱀의 속임수에 넘어가 하나님이 금하신 열매를 따 먹은 것이다. 선악과를 따 먹으면 그들도 하나님처럼 될 것이라는 뱀의 유혹에 아담과 하와의 마음이 넘어갔다.

**너희가 그것을 먹는 날에는 너희 눈이 밝아져 하나님과 같이 되어 선악을 알 줄**

하나님이 아심이니라. (창 3:5)

아담과 하와는 하나님처럼 될 거라는 뱀의 거짓말에 속아 열매를 따 먹었지만 선악과를 따 먹기 전에 이미 이들의 마음에는 하나님처럼 되어서 세상의 중심을 차지하고 싶다는 욕망이 자리 잡고 있었다. 스스로가 하나님의 자리를 빼앗아 세상의 중심이 되고 싶었던 욕망이 인류 최초의 죄며 모든 죄의 뿌리가 되었다. 바로 교만이다.

교만은 자신의 원래 가치 이상으로 인정받고 대접받으려는 욕망이다. 아담과 하와는 피조물로서의 인정과 대접을 넘어서 하나님과 같은 인정과 대접을 원하는 교만 때문에 선악과를 따 먹었다. 이 교만의 죄는 인류의 타락뿐 아니라 사탄의 타락 원인이기도 하다. 사탄도 원래는 하나님의 천사장 중 하나였지만 자신의 정해진 위치를 벗어나 하나님처럼 되겠다는 교만 때문에 하나님을 배신했다.

교만의 본능은 하나님께 드려져야 할 찬사와 영광을 대신 차지하고 싶은 욕망으로 나타난다. 또한 다른 이들보다 높은 위치와 인정을 차지하려는 경쟁심으로 나타난다. 인간적인 성취와 성공 뒤에는 늘 이러한 영광 추구의 본능이 자리 잡고 있다. 자신이 잘할 수 있다고 선택한 분야에서 남들에게 인정받을 정도의 성공을 이루기 위해 많은 시간과 노력을 투자하고 안달하는 이면에는 성공을 통해 주어질 찬사와 영광에 대한 본능적인 갈망이 있기 때문이다.

이러한 본능적 갈망에 사로잡힌 인간은 자신의 목표와 갈망만 중

요하게 여긴다. 자신의 필요와 만족과 목표가 채워지고 달성되어야
할 우선 과제고, 다른 사람들의 필요나 갈망은 자신의 목표를 돕거
나 방해하지 않는 범위 내에서만 허용된다. 이렇듯 교만은 인간의 자
기중심적인 삶의 모습에서 그 추함을 드러낸다. 자기중심의 교만 때
문에 사람들은 서로를 이용하려 들며 이해관계가 상충될 때는 언제
라도 등 돌릴 준비를 한다. 그러므로 교만은 하나님과 사람뿐 아니라
사람과 사람 사이도 갈라놓는다.

　행복한 결혼을 꿈꾸던 남녀가 만나 결혼을 했는데 불행해지는 이
유는 무엇일까? 두 사람이 꿈꾸던 행복한 가정이라는 공통분모 안에
서 누가 주인공이 되느냐가 서로 다르기 때문은 아닐까? 각자 자신
이 주인공인 왕국 안에서 조연의 역할을 맡아 줄 배우자를 원하는 것
은 아닐까? 이렇듯 자기중심적 교만은 다른 사람들을 자신의 목적을
위한 수단으로 대하기 때문에 자신의 차지라고 생각하는 중심 자리
에 남이 들어서는 것을 용납하지 않는다. 이들은 자신의 교만과 자기
중심적인 삶의 태도를 정당화하면서 다른 사람들의 교만에 대해서는
역겨워한다. 영국의 저명한 크리스천 저술가 C. S. 루이스는 『순전한
기독교』(Mere Christianity)에서 인간의 자기중심적인 교만에 대해 이렇게
서술한다.

　　세상의 악덕 중에 어느 누구도 자유로울 수 없는 악덕이 있습니다. 크리스
　　천을 제외한 거의 대부분의 사람이 자신만은 세상 모든 사람이 경멸하는 이

악덕으로부터 자유롭다고 착각합니다. 기독교의 가르침에 의하면 인간의 이 가장 근본적인 악덕, 극도의 악은 바로 교만입니다. 교만은 항상 적대감을 가져옵니다. 사람과 사람 사이뿐 아니라 하나님과 사람 사이도 갈라놓습니다. 기독교의 가르침에 따르면 이 교만과 반대되는 미덕은 바로 겸손입니다. 그래서 하나님과 어떤 식으로든 진정한 만남을 갖는 사람은 겸손해집니다. 기꺼이 겸손해지고 엄청난 해방감을 느낄 것입니다. 왜냐하면 이제까지 그토록 자신을 쉬지 못하도록 그리고 거의 평생을 불행하게 만들었던 자신의 위세라는 헛된 망상에서 벗어나는 순간을 맛보기 때문입니다. 하나님은 당신의 삶에 이 극적인 순간이 가능하도록 도와주시기 위해 당신을 겸손케 하십니다. 정말로 겸손해지기를 원하는 사람을 위해 내가 이야기해 줄 수 있는 첫 단계는 바로 자신이 교만하다는 사실을 깨닫는 것입니다. 겸손을 향한 가장 큰 단계도 마찬가지로 자신의 교만을 깨닫는 것입니다. 적어도 이것이 되기 전에는 겸손을 향한 어떤 진보도 일어나지 않습니다. 만약 자신이 교만하지 않다고 생각한다면 그 자체가 바로 당신이 대단히 교만함을 의미합니다.[+]

스스로 선택한 성공과 성취의 우상을 추구하면서 자신의 영광을 구하려는 삶을 세상은 당연하게 여길지 몰라도 성경은 이것을 죄라고 부른다. 또한 바로 이 교만과 자기중심의 죄가 하나님을 믿는 삶

+ C. S. Lewis, *Mere Christianity*, p. 121, Chapter 8. Great Sin.

에 가장 커다란 적이라고 가르친다. 그런데 바로 이 자기중심적 삶의 추구가 진정한 행복의 가장 커다란 방해물이라는 것을 사람들은 잘 모른다.

교만의 삶으로부터 한 번이라도 벗어난 적이 있던 사람은 그때 주어지는 엄청난 영혼의 쉼과 마음의 홀가분함을 기억할 것이다. 성취와 성공을 통해 자신을 증명하고 영광을 얻어야겠다는 터무니없는 교만의 불편한 질주를 멈출 수 있다면, 이보다 홀가분한 순간은 없을 것이다. 자신이 세상의 주인공도 아니고 또 그렇게 되려는 노력도 다 터무니없는 것이라는 진실을 깨달을 때 우리는 비로소 하나님 안에서 쉼과 평안을 발견할 수 있다. 바로 이 순간을 가능케 해 주려고 하나님은 그분의 자녀들을 겸손케 만들어 가신다.

겸손의 과정이 아무리 힘들지라도 그 궁극적인 열매가 너무나 달고 귀하기 때문에 때때로 하나님은 무자비하게 보일 정도로 우리를 낮추신다. 자기중심적인 본능의 생생한 신경이 난도질당할 때의 아픔은 대단히 크지만 그 결과는 더 큰 안식과 행복이라는 사실을 누구보다 잘 아시기 때문에, 하나님은 우리의 교만에 수술칼을 대신다. 때로는 실패를 주시고 때로는 우리의 간절한 소망에 거듭되는 절망으로 응답하시기까지 우리를 낮추신다. 그만큼 우리를 사랑하시기 때문이다. 하나님은 겸손만이 우리에게 진정한 위치와 행복을 가져다주는 길이라는 사실을 누구보다 잘 아신다.

그렇다면 진정한 겸손은 무엇일까? 겸손을 한마디로 정의하자면 인간이 하나님 앞에서 자신의 원위치를 찾아가는 것이다. 조물주 앞에서 피조물의 위치를 찾아가는 것이 겸손이다. 복음은 우리가 이 교만의 엄청난 죄 때문에 죽어야 하지만 하나님의 사랑과 긍휼이 우리를 살리셨음을 가르쳐 준다. 그리고 이 복음의 능력과 은혜를 통해 하나님은 우리 내면의 교만을 수술하시고 그 자리에 진정한 겸손이 들어서도록 치유하신다. 그 치유와 회복의 첫 단계가 바로 C. S. 루이스의 말처럼 우리 교만의 실체를 보여 주시는 것이다.


## 우리는 하나님이 중심인 세상을 원하지 않는다

기독교가 자주 가르치는 진리 중 하나는 "크리스천은 하나님중심의 삶을 살아야 한다"이다. 그러나 실상 하나님이 중심이 되는 세상을 원하는 크리스천은 그리 많지 않다. 대부분의 교인이 입으로는 하나님중심의 삶을 원한다고 말할지 몰라도 마음으로는 여전히 자신이 중심이 되는 세상을 만들어 가려 한다. 이를 알 수 있는 방법은 의외로 간단하다. 각자 스스로에게 질문해 보자. "나는 언제 가장 좌절감을 느끼고 언제 가장 기분이 날아갈 것 같은가?"

살다 보면 원하는 것이 이루어지지 않아 좌절감을 느낄 때가 있고 반대로 원하는 것들이 이루어져 날아갈 것 같은 기분이 들 때도 있다. 그런데 이 감동의 이유가 하나님인지 나인지를 생각해 보자. 하나님의 영광과 그분의 이름이 가려져서 좌절감을 느낄 때가 많은가 아니면 나의 영광과 갈망이 이루어지지 않아서 좌절감을 느낄 때가 많은가? 하나님의 나라가 세워지고 확장되어 가는 것 때문에 기분이 날아갈 것 같은가? 아니면 나의 작은 세계가 확장되고 드러날 때 그런가? 이러한 질문을 통해 하나님보다 내가 중심인 세상을 원하고 갈망하는 자신을 인정하지 않을 수 없을 것이다.

이번에는 하나님의 영광과 그분의 나라를 위해 쓰임받기를 원하는 마음과 자신의 갈망을 이루기 위해 하나님의 능력과 축복을 빌리려는 마음을 저울질해 보자. 답은 더욱 분명해질 것이다. 우리의 애씀과 노력이 겉으로는 하나님의 영광을 구하는 것처럼 보이지만 실상은 자기중심의 욕심과 야망인 경우가 대부분이다. 많은 목회자가 겪는 가장 큰 시험 중 하나도 하나님의 영광을 구하는 것처럼 포장한 자기 영광 추구의 갈망과 욕심일 것이다. 겉으로는 교회의 일이고 하나님의 일이라는 대의명분을 내세우고, 속으로는 하나님의 능력과 명분을 빌려 자신의 왕국을 건설하려는 경우가 허다하다.

비단 목회자들만의 문제는 아니다. 자신의 영광을 추구하고 자기중심의 세상을 추구하는 본능으로부터 자유로운 영혼은 거의 없다. 입으로는 주님이 나의 머리시라고 말하지만, 실제로는 자신이 목이 되어서 머리 되시는 주님을 자신이 원하는 방향으로 돌리고 조종하려 드는 경우가 허다하다. 그 결과 겸손한 믿음에서 나오는 평강과 감사와 만족의 삶을 살기보다 자기중심적인 갈망 때문에 불안과 불만과 좌절감에 허덕이는 괴로운 삶을 살 때가 많다. 왜 그럴까? 이유는 바로 내가 원하는 방향으로 하나님이 세상을 움직여 주시지 않기 때문이다.

그렇다면 하나님이 우리에게 가르쳐 주시기 원하는 세상의 진실은 무엇일까? 바로 하나님의 하나님 되심과 우리는 그분의 피조물이라는 사실이다. 이것을 인정하는 사람은 더 이상 자신의 작은 세상을 건설하는 데 하나님을 이용하려 들지 않고 오히려 하나님이 만들어 가시는 커다란 세상에서 자신의 위치를 발견하는 것이 옳음을 깨닫게 된다. 그리고 하나님을 자신의 필요대로 동원하려는 헛된 노력을 멈추고 겸손히 하나님의 뜻에 자신을 맡기는 삶을 살고자 한다. 이것이 바로 평안과 자유와 쉼의 삶이다. 내가 하나님처럼 살려고 할 때는 내 뜻대로 움직이지 않는 수많은 상황 때문에 힘들지만, 하나님이 세상의 중심이라는 당연한 사실을 받아들이면 그 순간 엄청난 자유와 쉼과 평안이 주어진다. 하나님이 움직이시는 세상을 내가 원하는 방향으로 조종하려는 불가능하고 불필요한 노력을 멈추고 그 안에 자신을 맡기는 삶보다 복된 삶은 존재하지 않는다.

수많은 사람이 끊임없이 자신을 괴롭히며 살아간다. 자신이 절대로 될 수 없는 누군가가 되기 위해 발버둥치는 삶을 산다. 인간은 하나님처럼 될 수 없다. 그럼에도 하나님의 자리와 그 통제력과 영광을 차지하려는 교만의 본능 때문에 너도나도 괴로운 삶을 산다. 하나님의 자리를 하나님께 돌려드리고 자신이 있어야 할 위치에 스스로를 가져다 놓아야 한다. 역사와 세상의 주인공은 내가 아니라 하나님이심을 겸손히 인정해야 한다. 이럴 때 주어지는 자유와 쉼을 맛보는 것은 참으로 큰 은혜다. 그 헛된 망상에서 놓인 자에게 주어지는 자유와 영혼의 쉼을 무엇에 비유할 수 있을까? 하지만 이러한 겸손에 이르는 은혜의 경지는 우리 스스로의 힘으로 절대 이룰 수 없다. 그렇다면 어떻게 이러한 하나님중심의 삶으로 나아갈 수 있을까?

## 신앙생활의 주인공은 내가 아니다

세상의 주인이 내가 아니고 하나님이듯, 신앙생활의 주인공도 내가 아니라 하나님이다. 성경은 근본적으로 인간이 주인공이 아니라고 가르친다. 성경의 핵심은 어디까지나 예수 그리스도다. 주연이신 예수님을 중심으로 조연인 우리의 역할이 존재하는 것이다. 이러한 주연과 조연 관계는 구원받은 성도들의 삶에도 그대로 적용된다. 신앙생활의 주인공은 여전히 예수 그리스도시며 그분이 이루어 가시는 나라에서 우리 각자의 존재 의미와 삶의 역할이 정해진다. 따라서 진정한 크리스천의 삶은 나의 생각이나 열심으로 하나님을 움직이려는 능동적인 자기 왕국 건설의 노력이 아니다.

자기중심의 왕국 건설과 자기 영광의 추구를 통해 사람들은 삶의 풍요와 행복 그리고 자유를 얻으려고 한다. 하지만 성경은 이 죄 때문에 인간이 노예 상태의 삶을 벗어나지 못한다고 가르친다. 더 나아가 성경은 우리가 예수 그리스도의 종이 되기 전에는 진정한 자유를 누릴 수 없다고 가르친다. 여기서 말하는 자유란 방종의 자유가 아니라 예수 그리스도의 말씀을 따라 훈련받고 변화받은 영혼들이 누리는 값진 자유다.

**그러므로 아들이 너희를 자유롭게 하면 너희가 참으로 자유로우리라.** (요 8:36)

　내 마음대로 생각하고 내 마음대로 추구하는 삶에는 진정한 자유와 행복이 없다. 하지만 스스로 예수 그리스도의 종이 되어서 그분의 말씀과 진리를 통해 단련되어 가는 영혼에게는 참 자유와 이전에는 알 수 없었던 만족과 쉼, 삶의 진정한 의미를 깨닫는 체험이 있다.

　그렇다면 참 자유란 어떤 것일까? 예를 들어 피아노 연주자를 꿈꾸는 두 학생이 있다고 가정해 보자. 한 학생은 놀고 싶을 때 놀고 친구를 만나고 싶을 때 만나는 자유를 누리려고 피아노 연습을 제대로 하지 않았다. 그러나 다른 학생은 충실히 레슨을 받고 또 놀고 싶은 마음을 억제하면서 꾸준한 연습을 했다. 처음에는 자기가 하고 싶은 대로 시간을 보낸 학생이 더 자유로워 보였지만 시간이 지나면서 연습과 인내를 통해 자신을 가다듬은 학생의 자유가 더 돋보이게 되었다. 열심히 연습한 학생은 자신이 원하는 음악을 아름답게 연주할 수 있는 자유, 사람들의 귀를 즐겁게 하고 또 그들에게 음악의 아름다움을 선사할 수 있는 자유를 얻었다. 연습을 게을리한 학생의 자유는 결국 무의미한 낭비가 되었지만, 더 큰 자유를 위해 자신을 훈련시키고 인내했던 학생이 얻은 자유는 훨씬 값진 자유가 되었다.

크리스천의 삶도 이와 마찬가지다. 자기중심적이고 이기적인 삶을 좇는 사람들은 주님의 값진 말씀으로 훈련받지 않아도 될 값싼 자유를 누릴 수 있겠지만, 진정으로 돋보이는 값진 자유의 삶은 오직 주님의 말씀을 겸손히 배우고 실천하기를 원하는 자들의 것이다. 이렇게 자신을 주님의 가르침의 종으로 만들어 가는 사람들은 하나님 중심의 고귀한 삶을 살 수 있는 자유를 얻게 되며 더 나아가 삶의 실제적이고 놀라운 변화들을 체험하게 된다. 이전에 자신을 괴롭히고 쉬지 못하도록 만들던 이기적이고 자기중심적인 삶의 감옥에서 벗어나는 것이 비로소 가능함을 체험하게 된다. 더 나아가 이전에는 불가능하던 주위 사람들을 진정으로 돌아볼 마음의 여유가 생긴다. 이렇게 될 때 "네 이웃을 네 몸과 같이 사랑하라"는 주님의 가르침이 단지 구호가 아니라 현실 속의 체험이 된다.

이처럼 놀라운 삶의 변화는 오직 예수 그리스도와 그분의 복음을 중심으로 살아갈 때 이루어질 수 있다. 크리스천이 자신이 아닌 주님을 중심에 놓아야 할 이유가 바로 여기에 있다. 내가 중심이 되는 삶은 황폐해져 가지만, 내가 죽고 주님이 중심이 되시는 삶은 평강과 만족과 감사와 안식을 누릴 수 있는 참 자유의 삶으로 풍성해져 간다. 세상의 자유는 내가 원하는 것들을 내가 원하는 방법으로 얻으며 살려는 자기파괴적이고 이기적인 자유지만, 예수님이 주시는 자유는 이전에는 그토록 불가능하던 초조하지 않을 자유, 미워하지 않을 자유, 불안하지 않을 자유, 분노하지 않을 자유, 더 나아가 하나님과 사람을 진심으로 사랑할 수 있는 놀랍고도 신기한 자유다.

## 정리하기

1. 인간의 원죄의 뿌리는 바로 하나님처럼 되려는 교만이며(창 3:5), 교만이 나타나는 삶의 방식은 자기중심적인 성공과 영광을 구하는 이기적인 삶이다.

2. 자기중심적인 삶은 조물주인 하나님과 피조물인 인간의 위치를 바꿔 놓으려는 불가능한 몸부림이다.

3. 내가 하나님처럼 상황을 통제하고 삶을 주장하여서 하나님의 위치와 영광을 누리려는 불가능한 시도가 인간의 삶을 황폐하게 만드는 근본 원인이다.

4. 자기중심적인 추구로부터 자유롭게 되는 것이 삶의 구원이며, 이것은 오직 주님만 하실 수 있는 일이다(요 8:31-36).

5. 하나님과 사람을 사랑할 수 있는 참된 자유는 오직 주님의 종 된 자들에게만 주어지는 값진 자유다(갈 5:13).

## 생각하기

1. 교만이라는 죄의 정의는 무엇인가?

2. 내 뜻대로 되지 않아 삶이 황폐해지는 경험을 한 적이 있는가?

3. 나(ego)중심의 세상을 만들어 가려는 삶과 하나님중심의 삶을 추구하는 것에는 어떤 차이가 있는가? 두 삶의 결과는 어떻게 다른가?(욥 1:3-4; 고전 13:4; 롬 14:17)

4. 성경이 말하는 진정한 겸손은 하나님과 인간의 올바른 관계 설정에 달려 있다. 올바른 관계는 무엇인가?

5. 겸손이 가져다주는 엄청난 자유와 쉼의 삶을 이루기 위해 내가 할 수 있는 것은 무엇인가?(벧전 5:5-7)

# 9.

## 우상숭배에서 하나님숭배로 가는 길

진짜 만족은 복음 안에 있다

우리는 왜 우상인 줄 알면서도 포기하지 못하고 그것들을 섬기며 집착하는 것일까? 이유는 바로 우상들이 줄 거라고 기대하는 만족 때문이다. 앞 장의 예에서 보았듯이, 우리는 하나님으로부터 얻어야 할 만족을 우상들을 통해 얻으려고 안달할 때가 많다. 하나님만 주실 수 있는 만족과 기쁨, 인정과 받아 주심 그리고 정서적, 정신적 안정과 평안을 우상을 통해서도 얻을 수 있을 거라고 착각하기 때문이다. 더욱이 사람들은 원하는 만큼의 만족을 자신이 원하는 방법으로 노력하여 얻으려고 하기 때문에, 하나님을 마냥 기다리기보다 우상을 선택하는 편이 더 쉽다고 생각한다.

하지만 이것은 헛된 망상에 불과하다. 우상은 우리의 내적인 갈망을 진정으로 채워 줄 수 없다. 내가 좇는 우상이 나의 내적 갈망을 진정으로 채워 줄 수 있을 것이라는 기대 자체가 우상이 만들어 낸 허구다. 돈이나 성공은 나에게 진정한 만족이나 안전을 줄 수 없으며, 심지어 나를 아끼고 사랑하는 그 어떤 사람도 나의 갈망을 진정으로 채워 줄 수 없다. 부수적인 역할은 할 수 있겠지만 인간의 근본적인 갈망은 오직 하나님만 채워 주실 수 있다. 그렇다면 어떻게 우상을 버리고 하나님께 나아갈 수 있을까? 우상을 버리고 하나님을 믿는 믿음으로 나아가려면 노력만으로는 부족하다. 솔직히 말하면 인간이 자신의 의지만으로 우상을 버리기란 불가능하다.

이는 마치 굶주린 사람을 불량식품 앞에 세워 놓고 절대 먹지 말라는 것과 마찬가지의 이치다. 무언가 먹지 않고는 견딜 수 없는 굶주린 사람에게 불량식품을 먹지 말라고 한다고 해서 그가 먹지 않고 견디기란 불가능하지 않겠는가? 무언가 좋은 음식을 주면서 불량식품을 먹지 말라고 해야 먹지 않을 수 있다. 마찬가지로 우상이 줄 거라는 만족이 비록 거짓일지라도 우상으로부터 얻으려는 만족을 다른 곳에서 얻지 못한다면 우리는 우상이 줄 거라는 만족을 좇는 삶을 멈추지 못한다. 왜냐하면 인간은 근본적으로 삶의 만족이나 안전을 원하고 또 누군가로부터 인정받음으로써 자신의 가치를 확인받고 싶어 하는 멈출 수 없는 본능을 갖고 있기 때문이다.

이러한 근본적인 갈망을 하나님 안에서 찾고 누릴 수 있다는 사실을 알기 전에 우리가 스스로 우상을 포기하는 것은 불가능하다. 그러므로 이 거짓의 굴레로부터 진정으로 벗어날 수 있는 길은 한 가지다. 바로 하나님의 사랑 안에서 영혼의 근본적인 갈망들이 채워짐을 체험하는 것이다. 좀 더 구체적으로 말하자면, 그리스도의 복음 안에 우리가 원하는 근본적인 갈망에 대한 진정한 만족과 채워짐이 있다는 사실을 확인하는 것이다. 크리스천들이 믿는 복음에는 우리가 원하는 모든 갈망의 진정한 실체가 충만하게 들어 있다. 우상숭배를 통해 얻으려는 가짜 만족들의 진짜 은혜가 복음에는 이미 다 들어 있다. 하나님은 복음 안에서 당신이 쏟아부어 주시는 은혜와 축복을 통해 사랑하는 자녀들이 진정한 영적 만족을 충만하게 누리기를 원하신다.

그러나 우상을 포기하지 않는 한 이 은혜의 삶은 불가능하다. 기독교를 단지 자신이 원하는 것들을 이루어 가는 수단으로만 여긴다면 우리는 결코 은혜의 길에 들어설 수 없다. 진정한 기독교는 복음을 깨닫고 적용하는 가운데 하나님이 그리스도를 통해 우리에게 주신 것들을 알아 가고 체험해 나가는 것이다. 지금까지 세상의 우상들을 통해 아무리 얻으려고 노력해도 얻지 못했던 만족을 복음 안에서 발견하는 삶이 바로 크리스천의 삶이다. 따라서 이러한 복음의 은혜의 깨달음과 진정한 체험 없이 우상을 포기하고 그 속박으로부터 자유를 얻는다는 것은 불가능하다. 하지만 복음을 깨닫고 적용하는 삶을 살면 그토록 불가능했던 감사와 만족 그리고 세상의 각종 우상들로부터 자유로워지는 삶이 가능케 되는 기적을 체험하게 된다. 그리고 이때까지 입으로 수없이 불렀어도 마음의 진정한 고백은 될 수 없었던 찬양들이 비로소 삶에서 가능한 현실이 된다.

주님 한 분만으로 내 영혼 만족하네
다른 종류의 즐거움 날 채울 수 없네

주님 한 분만으로 내 영혼 기뻐하네
세상이 주는 어떤 유혹도 날 흔들 수 없네

이것이 나의 힘 이것이 나의 노래
이것이 내 소망의 이유
주 나의 모든 것
_ 이길승

## 우상으로부터 하나님께로: 사랑의 전이

세상의 것들로 이루어진 우상들을 갈망하는 우리의 마음이 하나님을 향한 믿음과 사랑으로 성화되는 일은 하루아침에 일어나지 않는다. 그렇다고 좌절할 필요는 없다. 하나님이 이 일을 끈질기게 열심히 이루어 가실 것이기 때문이다(빌 1:6). 우리의 할 일은 참 자유와 평강과 쉼을 주시려는 하나님의 복음을 구체적으로 깨닫고 적용하는 것이다. 그러므로 우리는 우상을 향한 잘못된 갈망과 집착이 어떻게 하나님을 향한 사랑으로 변화하는지 그 과정을 이해할 필요가 있다.

12세기 프랑스 태생의 기독교 영적 지도자 버나드(Bernard)가 남긴 글 중에 "하나님의 사랑에 관하여"를 살펴보자. 여기서 버나드는 인간의 사랑을 네 가지 단계로 소개한다. 감사하게도 버나드가 소개하는 사랑의 네 가지 단계는 우상으로부터 벗어나 하나님을 사랑하는 삶으로의 전이를 설명하는 데 아주 유용하다. 어떤 훈련 과정을 통해 우리가 더 높은 사랑의 단계들로 나아가게 되며 궁극적으로 온전히 하나님을 사랑하는 단계에 이를 수 있는지 버나드의 틀을 통해 살펴보자.

## 사랑의 네 가지 단계

"하나님의 사랑에 관하여"에서 버나드는 크리스천으로 거듭난 인간이 체험하게 되는 사랑의 단계를 네 가지로 나누어 설명한다. 첫째 단계는 "자신을 위해 자신을 사랑하는" 단계다. 이 단계는 지극히 자연적인 단계며 보편적인 사랑의 단계다. 인간의 본성이 이기적이고 자기중심적이기 때문에 누구나 자연스럽게 자신이 원하는 것들을 추구함으로써 자신을 사랑하려고 한다. 자신의 필요와 욕구 충족을 우선적으로 생각하고 대부분의 에너지를 여기에 쏟는다. 간간이 다른 사람에게 관심과 배려를 베풀기도 하지만, 이 또한 자신의 이미지를 위한 노력일 때가 많다. 남에게 적당한 친절을 베풀지라도 여전히 마음의 동기는 그렇게 함으로써 내가 칭찬을 듣게 되는지, 나에게 이득이 되는지, 불이익은 없는지에 있다.

이 이기적인 자기 사랑의 단계는 기독교 신앙과 무관한 단계다. 하나님의 은혜에 의하여 거듭나지 않은 사람들이 모두 이 단계에 속해 있다고 볼 수 있다. 이 단계에서는 우상숭배라는 개념이 존재하지 않는다. 하나님을 믿지 않기 때문에 우상의 개념조차 없는 단계다.

둘째 단계는 "자신을 위해 하나님을 사랑하는" 단계다. 이 둘째 단계부터는 거듭난 크리스천들이 속한 단계다. 하나님의 은혜를 깨닫고 받은 복을 누리면서, 자연스럽게 하나님이 나에게 필요하고 도움이 되신다는 사실을 깨닫는다. 나의 안전과 행복을 위해 하나님이 필요하다는 것을 자각하게 되면서 하나님을 사랑하는 것이 나에게 필요하다는 인식이 생긴다. 이 단계에서부터 하나님을 섬기고 사랑하는 모습을 볼 수 있지만, 그 모습의 숨은 동기는 여전히 자신을 위함이다. 하나님보다는 자신을 위해 하나님을 찾고 섬기려는 모습을 보인다. 물론 이 단계도 하나님의 은혜로 가능한 사랑의 단계다. 적어도 하나님에 대한 믿음이 생긴 단계이고, 구원의 은혜를 아는 단계이기 때문이다.

둘째 단계에서 하나님을 믿고 따라가는 주된 동기는 크게 두 가지다. 하나는 "나는 하나님을 섬기고 사랑할 것이다. 왜냐하면 하나님이 나의 필요를 채워 주시고 나의 소원을 들어주시도록 해야 하니까"라는 적극적인 동기다. 또 다른 동기는 "나는 하나님을 섬기고 사랑할 것이다. 왜냐하면 그래야 하나님이 나를 싫어하시지 않고 나의 삶을 망치시지 않을 테니까"라는 두려움을 바탕으로 한 동기다. 물론 이 두 가지 동기 모두 자기중심적이며 하나님을 진정으로 사랑하는 단계와는 아직 거리가 멀다.

셋째 단계는 "하나님 때문에 하나님을 사랑하는" 단계다. 이 단계는 더 이상 나를 향한 하나님의 축복이나 징벌 때문이 아니라 하나님 사랑의 속성을 깨달았기 때문에 하나님을 사랑하는 단계다. 이 단계는 나의 일상이 잘되고 못됨에 관계없이 하나님이 나를 사랑하신다는 것을 확고하게 믿을 수 있는 단계다. 이 단계에 이르면 더 이상 나의 필요나 갈망을 이루려고 하나님을 사랑하고 섬기는 것이 아니라 하나님 자체가 좋아서 또 이미 베푸신 은혜가 감사해서 하나님을 꾸준하게 섬기고 사랑하게 된다.

그런데 이 단계에 진정으로 이르는 크리스천은 그리 많지 않으며 불행하게도 대부분의 크리스천은 둘째 단계의 사랑에만 머물다가 삶을 마감하게 된다. 왜냐하면 하나님의 하나님 되심으로 인해 그분을 사랑할 수 있는 셋째 단계의 사랑에 이르려면 필연적으로 따르는 조건이 있는데, 그것이 고난과 시련이기 때문이다. 하지만 단순히 고난과 시련을 받아들였다고 해서 저절로 이 단계로 진입하는 것은 아니다. 고난과 시련 속에서도 나를 향한 하나님의 신실하신 은혜와 사랑에 대한 체험과 깨달음이 있어야 한다. 고난 속에서도 변치 않고 오히려 더 뚜렷해지는 하나님의 사랑에 대한 이해와 체험을 할 때 우리는 상황을 넘어서는 하나님의 사랑을 맛보고 또 하나의 중요한 깨달음을 얻게 된다.

하나님의 사랑은 절대적이며, 그 절대성은 나의 삶이 내가 원하는 방향으로 이루어지거나 이루어지지 않는 것과 별 상관이 없다는 사실이다. 내가 갈망하는 것들이 이루어지지 않더라도 그 속에서 맛보게 된 하나님의 신실하심과 사랑을 통해 하나님을 나의 개인적인 갈망들보다 더 사랑하게 되는 단계다. 그래서 하나님 자체로 인해 하나님을 사랑하게 된다. 더 이상 하나님이 나에게 잘해 주시기 때문에 사랑하는 것이 아니라, 하나님의 사랑과 신실하심과 인자하심의 속성들이 좋고 감사해서 하나님을 사랑하는 단계다. 이 단계에 이르면 비로소 하나님의 인도하심이 나의 생각보다 훨씬 뛰어나며, 나아가 나보다 나를 잘 아시고 사랑하시는 하나님이 모든 일을 통해 나에게 선을 이루어 가신다는 사실에 눈이 떠진다. 따라서 더 이상 자신의 갈망들을 하나님 앞에 주장하고 내세우기보다 겸손히 하나님의 뜻이 이루어지기를 받아들이는 마음의 자세를 갖게 된다.

마지막으로 넷째 단계는 "하나님 때문에 나를 사랑하는" 단계다.

자신을 향한 하나님의 진정한 사랑의 깊이와 의미를 깨달은 결과, 자신을 이기적인 마음으로가 아니라 하나님의 마음으로 사랑할 수 있는 단계다. 사랑할 부분이 별로 없는 자신의 모습에도 불구하고 여전히 사랑하시는 하나님 때문에 스스로를 받아들이고 사랑할 수 있는 단계다. 이 단계는 하나님의 사랑에 대한 깊은 깨달음과 체험이 있어야 가능하다. 이 단계에 이르면 주님의 사랑과 그 사랑을 깨달은 기쁨 때문에 자신의 갈망과 욕심을 은혜롭게 망각하게 된다. 자신을 향한 주님의 사랑이 너무나 확실해서 자신의 안전과 행복에 관하여는 신경 쓸 필요조차 느끼지 못하는 단계다. 그래서 하나님이 나를 바라보시는 시각을 깨닫고 하나님이 바라보시듯 자신을 바라보고 사랑할 수 있는 단계다.

## 사랑의 전이 vs. 우상숭배

사랑의 네 단계가 각각 의미하는 바는 우상숭배와 아주 밀접한 관계가 있다. 첫 단계는 자신을 위해 자신이 갈망하는 것들을 사랑하고 추구하는 단계다. 사람들은 자신이 추구하는 우상들이 자신의 삶에 행복과 만족을 가져다줄 거라고 믿고 이 우상들을 좇고 추구하는 데 모든 열정을 바친다. 그리고 이러한 삶이 자신을 사랑하는 삶이라고 착각한다. 그 착각에서 스스로 헤어날 길은 없다. 그리스도의 복음을 통해 하나님의 구원하시는 사랑을 알아야 다음 사랑의 단계로 나아 갈 수 있으며 우상에 대한 개념과 경각심을 가질 수 있기 때문이다.

사랑의 두 번째 단계인 자신을 위해 하나님을 사랑하는 단계도 여전히 자신이 갈망하는 우상들을 좇는 삶이다. 하나님을 사랑하기 는 하지만 여전히 자신이 갈망하는 것들을 이루려는 것이 진짜 목적 이다. 하나님을 알아 가고 사랑하는 것보다 자신이 갈망하는 것들을 이루기 위해 필요한 하나님의 힘과 도움에 집중한다. 앞에서 말했듯 이 대부분의 크리스천은 이 단계에서 허덕이며 빠져나오기를 힘들어 한다. 교회에 나가서 예배를 드리고 하나님을 섬기고 사랑하는 진짜 목적이 하나님이 아니라 자신이 추구하는 우상들을 얻어내려는 것이 다. 물론 하나님도 이를 아신다. 그럼에도 하나님은 여전히 이들을 사랑하신다.

이 단계를 벗어나려면 길고 어두운 터널을 지나야 하는 경우가 대부분이다. 이 터널을 지날 때 우리는 이전에 가까이 느껴졌던 하나 님이 아주 멀게 느껴지기도 하고, 이해할 수 있는 범주 내에서 자주 응답해 주시던 하나님이 우리의 기도에 도무지 무관심한 것처럼 느 껴지기도 한다. 우리의 유익을 위해 사랑의 마음으로 돌보시고 인도 하시는 하나님을 우리가 한없이 오해하고 야속하게 느끼는 시간을 보내게 된다. 하나님은 사랑하는 자녀들이 우상의 속박에서 벗어나 그분 안에서 진정한 만족과 자유를 누릴 수 있도록 도와주신다. 하지만 그 방법이 때로는 우리의 갈망과 기도와 반대되기 때문에, 우리는 하나님이 더 이상 나를 사랑하시지 않는다고 느끼고 의심한다.

하나님은 우리의 우상숭배적인 갈망들을 들어주시지 않는 길을 통해 우리를 향한 그분의 사랑을 표현하시지만, 이러한 하나님의 깊은 뜻을 깨닫는 사람은 그리 많지 않다. 그래서 이 단계의 시련을 견디지 못하고 주저앉는 크리스천이 많다. 그렇다고 해서 하나님이 다른 방법을 사용하시지는 않는다. 우리가 우상을 의지하고 추구하는 것으로 인해 피곤하고 초조하고 우울하며 때로 분노하는 삶을 사는 것을 원하시지 않기 때문이다. 비록 우상적 갈망들이 이루어지더라도 우리가 기대하고 원하는 진정한 만족과 행복이 그곳에 존재하지 않으며 오직 하나님 안에만 진정한 만족이 존재한다는 사실을 우리가 깨닫기를 하나님은 원하신다.

그렇다면 한 가지 의문이 남을지도 모른다. 우리가 무언가를 갈망하고 그것을 얻기 위해 하나님께 간구하는 모든 행위가 잘못된 것이며 우상을 좇는 것이라는 말일까? 결론부터 말하자면 아니다. 무언가를 갈망하고 구하는 것 자체를 하나님이 나무라시는 것이 아니다. 직장이나 성공 또는 배우자를 갈망하는 것 자체를 나무라시는 것이 결코 아니다. 하지만 그 갈망들의 우선순위와 동기는 물으신다. 단지 원하는 것들을 얻기 위해 하나님을 찾는다면 하나님은 나의 갈망들을 이루는 데 필요한 수단일 뿐이다. 하지만 하나님 앞에 겸손히 나의 갈망들을 내려놓고 하나님의 뜻을 먼저 구하는 삶을 살 때, 우리는 원하는 바가 이루어지더라도 교만해서 넘어지거나 반대로 이루어지지 않더라도 절망해서 좌절하지 않게 된다. 비록 간절히 바라는 것들이 있다 해도 처음부터 나의 궁극은 하나님이지 나의 갈망 자체가 아니라는 것을 알기 때문에 크게 흔들리지 않는다.

이렇게 하나님을 우선으로 구하는 사람들은 자신의 갈망을 자기 생각대로 하나님께 요구하지 않는다. 오히려 자신의 갈망을 하나님께 내려놓고 또 겸손히 하나님의 뜻이 이루어지기를 구한다. 이런 믿음의 자세는 하나님의 전능하심과 선하심을 인정할 때 가능하다. 창조주 하나님은 피조물인 나의 생각보다 높으시고 깊으시며 나를 잘 아실 뿐 아니라 내가 나를 사랑하는 것보다 나를 사랑하시는 분이다.

> 이는 내 생각이 너희 생각과 다르며 내 길은 너희의 길과 다름이니라. 여호와의 말씀이니라. 이는 하늘이 땅보다 높음 같이 내 길은 너희의 길보다 높으며 내 생각은 너희의 생각보다 높음이니라. (사 55:8-9)

우리는 하나님의 결정과 인도하심이 나에게 가장 좋은 길임을 믿어야 한다. 비록 그 순간에는 이해하기 어렵고 받아들이기 힘들지라도, 하나님이 나를 위한 최고의 계획을 가지고 계심을 믿어야 한다. 그래야 나의 우상이 아니라 하나님을 궁극적으로 신뢰하는 믿음의 경지에 이를 수 있으며, 우상숭배의 잘못된 신앙생활을 벗어나 하나님을 진실 되게 믿는 올바른 길을 걷게 된다. 오직 하나님만이 우리가 그토록 필요로 하는 진정한 평강과 삶의 만족 그리고 영혼의 쉼을 주신다.

## 정리하기

1. 우상이란 이것만 이루어지면 나의 삶이 획기적으로 달라질 거라고 믿는 그 무엇이다.

2. 우상숭배는 하나님만 주실 수 있는 진정한 삶의 만족과 행복을 하나님 아닌 세상의 것들로부터 추구하는 것이다.

3. 크리스천의 삶은 내 안에 있는 우상을 하나씩 발견하여 내려놓고 하나님을 삶의 중심으로 모셔 가는 과정이다.

4. 우상을 내려놓고 하나님을 붙잡을수록 걱정과 초조는 평강으로, 분노는 인내와 소망으로 바뀌는 삶의 변화를 체험하게 된다.

5. 우상을 사랑하는 삶에서 하나님을 사랑하는 삶으로의 전이가 크리스천에게 절실히 필요한 참된 변화다.

## 생각하기

1. 나는 지금 몇 번째 사랑의 단계에 있는가?

2. "자신을 위해 하나님을 사랑하는" 두 번째 단계에서 "하나님 때문에 하나님을 사랑하는" 단계로 나아갈 때 우리는 어떤 과정을 거치게 되는가?

3. 사랑의 마지막 단계에 이르기를 원하는가? 그렇다면 무엇을 깨달아 알고 믿어야 하는가? 엄청난 자유와 쉼의 삶을 이루기 위해 내가 할 수 있는 것은 무엇인가?(벧전 5:5-7)

# 10.

## 복음을 적용하는 삶

그리스도의 은혜로 너희를 부르신 이를 이같이 속히 떠나 다른 복음을 따르는 것을 내가 이상하게 여기노라. 다른 복음은 없나니 다만 어떤 사람들이 너희를 교란하여 그리스도의 복음을 변하게 하려 함이라. 그러나 우리나 혹은 하늘로부터 온 천사라도 우리가 너희에게 전한 복음 외에 다른 복음을 전하면 저주를 받을지어다. (갈 1:6-8)

앞에서 보았듯이, 우리가 개인적으로나 교회적으로 겪고 있는 문제들의 뿌리를 들여다보면 대부분 복음의 이해와 연관되어 있다. 왜냐하면 신앙생활에서 나타나는 모든 문제의 발단은 복음을 제대로 모르거나 그 복음의 능력과 은혜를 어떻게 삶 가운데 적용하고 체험해야 하는지 모르기 때문에 생기는 것이기 때문이다. 안타까운 사실은 하나님이 이미 우리에게 예수 그리스도 안에서 모든 은혜와 축복을 주셨는데 우리가 이 실체를 제대로 누릴 줄 모른다는 것이다(엡 1:3). "복음을 재발견하다"라는 표현이 생소하게 들릴지 모른다. 그러나 우리의 가장 시급한 과제는 복음을 다시 발견하고 그 복음의 진리로 돌아가는 것이다.

많은 사람이 복음을 전해야 한다고 외치지만 정작 그들을 붙들고 "당신이 전하려는 복음이 무엇인지 설명해 달라"고 하면 제대로 설명할 수 있는 사람이 극히 일부라는 것이 교회의 씁쓸한 현실이다. 복음을 제대로 설명할 줄 모르는 사람도 있고 기초적인 복음의 진리에 대해서는 알고 있지만 실제적으로 자신의 신앙생활과 복음이 어떤 관계인지를 모르는 사람도 있다. 그 결과 복음에 의한 방향성과 역동성을 모른 채 자기 열심에 빠져 지쳐 있는 사람도 많다.

초대교회 때나 지금이나, 시대를 막론하고 복음의 진리를 통해 예수를 믿는 성도들이 정작 자신들의 신앙생활에서는 아주 빠르게 복음을 놓쳐 버리기 일쑤인 것 같다(갈 1:6). 교회 안의 사람들이 복음을 놓치면 더 이상 크리스천이 아니라 형식적인 종교인의 삶을 살게 된다. 그리고 이것이 가장 보편적인 길 잃음의 모습이다.

## 자기 점검과 치유책

자신이 은혜의 참된 복음에 살고 있는지 아니면 형식적인 종교생활을 하고 있는지 어떻게 알 수 있을까? 대답은 간단하다. 나의 행동이나 신앙생활의 이면에 놓여 있는 동기들을 잘 살펴보면 된다. 스스로에게 이렇게 질문해 보자. 내가 열심히 교회에 출석하고 봉사하고 가정과 사회에서 올바른 삶을 살려고 노력하는 동기는 무엇일까? 만일 그 동기가 나의 노력으로 하나님께 나아가 하나님께 인정받고, 내가 원하는 것을 얻어 내는 것이라면, 이것은 현실적인 종교생활일 뿐 은혜의 복음에 거하는 것이 아니다.

이러한 자기 점검을 통해 자신이 복음에 의한 삶에서 벗어났다는 것을 깨닫는다면 올바른 은혜의 복음을 다시 점검하고 회개와 믿음을 통해 하나님과의 관계를 회복해야 한다. 종교적인 동기에 의한 섬김과 봉사는 자신의 만족을 위한 것이며, 하나님의 은혜에 감사하여 하나님을 섬기고 봉사하는 복음의 은혜에 의한 열심과 다르다. 따라서 내면의 동기가 종교적이라면 나는 길을 잃은 상태다. 예화를 하나 들어 보자.

옛날에 백성을 사랑하는 어진 임금과 그 임금을 존경하는 한 농부가 있었다. 한 해는 과수원에서 수확한 복숭아가 아주 크고 맛이 좋아서 기뻐하던 농부가 '이 크고 맛있는 복숭아를 임금에게 갖다 드려야지' 하고 생했다. 복숭아를 수레에 싣고 궁궐로 가서 임금에게 드리자, 임금이 "이렇게 크고 맛있는 복숭아를 왜 나에게 가져왔느냐?"라고 물었다. 농부는 "평소에 백성을 사랑하시고 나라를 다스리느라 수고하시는 임금님을 존경했습니다. 이 복숭아를 드시고 더욱 건강해지셔서 마음이 조금이라도 기쁘시다면 좋겠다는 생각에 가져왔습니다"라고 대답했다. 농부의 마음에 감탄한 임금은 "그대의 마음 씀이 나에게 큰 위로가 되었구나. 마침 그대가 경작하는 땅 옆에 내 땅이 있으니 그것도 그대가 경작하도록 하라"라고 하였다. 이 일이 곧 나라 안에 알려졌고, 이 소문을 들은 한 마부가 잔꾀를 내어 '복숭아를 바쳤는데 땅을 주셨으니, 좋은 말을 드리면 그보다 훨씬 큰 상을 주시겠지'라고 생각하고는 궁궐로 말을 몰고 가서 임금에게 바쳤다. 그런데 임금은 아무런 말이 없었다. 당황하고 불쾌해진 마부는 "임금님, 복숭아를 바친 농부에게는 땅을 주셨는데 왜 그 농부보다 훨씬 귀한 말을 바친 저에게는 아무런 상을 주시지 않는 것입니까?"라고 물었다. 이에 임금이 대답하기를 "맞다. 농부에게는 상을 주었지만 너에게는 줄 상이 없구나. 왜냐하면 농부는 나를 위해 복숭아를 바쳤지만 너는 너를 위해 말을 바친 것이 아니냐? 그래서 너에게는 상을 줄 마음이 없구나"라고 하였다.

이 예화를 우리 신앙생활에 적용해 보자. 복음의 은혜로 인한 신앙생활은 하나님을 사랑하고 하나님을 위하는 신앙생활이지만, 종교적인 동기로 인한 신앙생활은 하나님으로부터 무언가를 얻어 내려는 이기적인 신앙생활이 된다.

하나님이 우리와 맺기 원하시는 관계는 은혜를 바탕으로 한 사랑의 관계이지 인간의 노력을 바탕으로 한 거래관계가 아니다. 하지만 우리는 노력을 통해 하나님의 인정과 축복을 받아 내려는 잘못된 신앙생활의 길을 갈 때가 너무나 많다. 인간의 본능은 복음의 은혜를 벗어나 자신의 의를 세워서 하나님을 조종하려는 종교적인 노력을 쉽게 멈추지 않는다. 그러므로 이러한 신앙생활에서 필요한 것은 겉으로 드러난 행동이 아닌 내면의 동기를 회개하는 것이다.

예수님이 형식적인 종교생활을 하던 바리새인들을 꾸짖으셨지만, 그들은 자신이 왜 회개를 해야 하는지 전혀 깨닫지 못했다. 이들은 자신의 종교적인 노력과 의로움 속에서 엄청나게 길을 잃고 있다는 사실을 전혀 모르는 영적 소경들이었다. 게다가 이들은 종교적인 열심과 노력에 대한 대가로 하나님의 축복이 주어지고 자신들의 소원이 이루어진다고 믿었다. 예수님이 꾸짖으신 것은 겉으로 드러난 그들의 행위가 아니라 내면에 감춰진 그들의 종교적 동기였다.

물론 복음의 은혜에 따라 신앙생활을 하는 사람들도 하나님께 자신의 소원과 바람을 구할 수 있다. 하지만 종교적인 동기에 의한 구함과 복음의 은혜에 의한 구함은 전혀 다르다. 종교적 동기에 의한 구함이 자신의 노력을 바탕으로 한 구함이라면, 복음의 은혜에 의한 구함은 하나님 앞에서 자녀라는 신분으로 구하는 것이다. 우리가 자신의 필요와 소원들을 자녀를 사랑하시는 아버지를 믿고 의지하는 마음으로 구할 때 하나님은 기뻐하신다.

> 자기 아들을 아끼지 아니하시고 우리 모든 사람을 위하여 내주신 이가 어찌 그 아들과 함께 모든 것을 우리에게 주시지 아니하겠느냐. (롬 8:32)

아들을 내어 주심으로 죄인들을 구원하실 때, 하나님은 우리의 어떤 노력에 대한 대가로 아들을 주신 것이 아니다. 오직 일방적으로 베푸신 은혜였다. 그리고 이 은혜의 원리는 구원에만 적용되는 것이 아니라 우리와 하나님과의 평생의 관계를 지배하는 원리다. 하나님은 당신의 아들을 내어 주신 것과 똑같은 은혜의 방법으로 모든 것을 우리에게 주겠다고 약속하셨다. 그러므로 우리도 이 하나님의 은혜 안에서 그분의 자녀가 된 신분으로 구해야 한다. 자신의 종교적 노력과 점수를 근거로 구하는 것은 하나님이 원하시는 은혜의 관계를 종교적인 의무와 거래관계로 만들려는 헛된 시도며 은혜에서 멀어지는 길이다. 그렇다면 우리는 어떻게 복음의 은혜를 지속적으로 발견하고 올바른 길로 나아갈 수 있을까? 먼저 복음을 바로 알고 또 그 복음의 은혜와 능력을 적용할 줄 알아야 한다.

올바른 신앙생활은 두 인격체에 대한 지식을 필요로 한다. 첫째 하나님을 알아야 한다. 그리고 둘째 자신을 알아야 한다. 성경은 하나님뿐 아니라 인간의 실상도 알려 준다. 성경은 하나님의 공의와 사랑, 심판과 용서, 자비하심과 긍휼하심을 보여 준다. 더불어 인간의 죄와 그로 인한 타락, 구원의 절실한 필요성을 보여 준다. 복음은 인간을 향한 하나님의 사랑과 은혜의 선물이다. 또한 복음에는 죄로 물든 인간의 영혼을 치유하고 정화시키시는 하나님의 놀라운 능력과 치유의 손길이 담겨 있다. 그래서 예수님은 스스로를 의사라고 소개하시고 그분의 은혜를 필요로 하는 자들을 병든 자라고 말씀하셨다.

> 예수께서 대답하여 이르시되 건강한 자에게는 의사가 쓸 데 없고 병든 자에게라
>
> 야 쓸 데 있나니. (눅 5:31)

　　예수님의 복음의 은혜와 능력은 단지 죽은 영혼을 되살리는 데 그치지 않고 그 영혼의 병든 부분을 고치는 것까지 포함한다. 그래서 구원은 단번에 죽은 영혼을 살리고 하나님의 자녀로 만들어 주는 즉각적인 은혜뿐 아니라 평생을 통해 병든 영혼이 고침을 받고 아름답게 변해 가는 성화의 과정도 포함한다. 죄를 용서받고 하나님의 자녀가 되는 것은 하나님이 우리를 부르셨을 때 일방적으로 하신 것이다.

그러나 그 이후의 삶의 변화는 복음을 적용해 나가는 우리의 훈련과 연습이라는 순종의 노력을 반드시 필요로 한다.

물론 우리의 영혼을 고치시는 분은 주님이지만, 고침을 받기 위해서는 주님의 손길이 우리의 환부에 닿도록 우리가 자신의 병든 부분을 보여 드려야 한다. 이것이 바로 복음을 적용하는 삶이다. 이러한 복음의 적용을 통해 삶이 변화되는 것은 이 땅에서 천국을 맛보는 것 같은 축복이며, 하나님의 구원의 선한 목적이기도 하다. 그래서 사도 바울은 다음과 같이 우리가 천국에 가는 구원뿐 아니라 이 땅에서의 삶의 구원도 이룰 것을 권한다.

> 그러므로 나의 사랑하는 자들아 너희가 나 있을 때뿐 아니라 더욱 지금 나 없을 때에도 항상 복종하여 두렵고 떨림으로 너희 구원을 이루라. (빌 2:12)

여기서 사도 바울이 이루라는 구원은 천국에 가는 구원을 의미하는 것이 아니다. 현재 나의 삶의 구원, 즉 죄와 육신과 세상의 속박으로부터의 구원을 의미한다. 좀 더 실제적으로 말하면, 자기중심적인 삶, 세상적인 갈망이나 우상들에서 오는 초조와 불안 그리고 미움과 분노로부터의 해방을 의미한다. 자신을 정서적으로 정신적으로 갉아 먹는 죄와 우상들의 속박으로부터 벗어나 하나님이 주시는 평강과 만족 그리고 기쁨을 누리는 삶으로 변화되는 구원을 이루라는 것이다. 따라서 "항상 복종하여 두렵고 떨림으로 너희 구원을 이루라"

는 말은 삶의 구원, 즉 성화의 삶을 이루려면 집중적으로 많은 노력과 시간이 필요함을 의미한다. 이것은 또한 고침받아야 할 우리의 상태가 심각해서 쉽사리 성화가 이루어지지 않을 것이라는 의미다.

어떤 크리스천은 자신이 얼마나 병들어 있는지 잘 모른 채 살아간다. 겉으로 드러난 행동만 놓고 보면 남들이 손가락질할 만한 삶이 아니라고 생각할 수 있다. 하지만 복음은 우리가 한 명의 예외도 없이 엄청나게 망가지고 병들어 있다는 것을 분명히 암시해 준다. 복음을 생각해 보자. 하나님의 하나밖에 없는 아들 예수님이 십자가에서 나를 위해 죽으시지 않고는 내가 구원받을 길이 없었다. 하나님이 당신의 아들을 죽이셔야만 나를 구원하실 수 있었다는 사실은 나의 망가짐과 죄의 깊이와 심각성이 내가 상상할 수 있는 것보다 훨씬 심각함을 보여 준다. 다른 한편으로 복음은 내가 상상할 수 있는 것보다 훨씬 큰 사랑을 하나님으로부터 받았음도 보여 준다.

하나님이 나를 얼마나 사랑하셨으면 하나뿐인 아들의 생명을 내어 주고라도 나를 구원하셨을까? 사랑의 주님은 우리의 망가진 상태를 누구보다 잘 아실 뿐 아니라 우리를 고쳐 주신다. 그러므로 복음의 적용을 통해 치유와 변화를 받는다는 것이 하나님의 사랑을 가장 확실하게 체험하는 방법이므로, 주저하지 말고 망가지고 병든 부위를 주님께 보여 드리고 치료의 손길을 구해야 한다. 이것이 또한 주님을 더 깊이 사랑하는 방법이다. 더 많은 병을 고침받은 환자가 의사를 더 사랑하고 신뢰하는 것은 너무나 당연한 일이다.

누가복음 7장에서 예수님은 많은 사람의 손가락질에도 아랑곳하지 않고 옥합을 깨뜨려 그분의 발에 향유를 붓고 울면서 발을 씻기는 창녀를 보고 이렇게 말씀하셨다. "그의[여인의] 많은 죄가 사하여졌도다. 이는 그의 사랑함이 많음이라. 사함을 받은 일이 적은 자는 적게 사랑하느니라"(눅 7:47). 이와 같이 주님의 사랑을 실제적으로 체험하는 것은 복음의 능력과 은혜를 통한 죄 용서와 고침을 받는 것이며 이런 체험이 많을수록 주님을 더욱 사랑하게 된다.


## 신앙생활의 요요현상

크리스천이 복음을 깨닫고 적용하는 삶을 살 수 있게 된다는 것은 신앙생활에서 가장 중요한 깨달음이며 축복이다. 이 축복을 한 번이라도 깨닫고 체험해 본 영혼은 그 은혜의 능력과 맛을 절실히 알게 된다. 나아가 복음을 적용하는 삶에 익숙해질수록 신앙생활은 더욱 견고해질 뿐 아니라 방향성과 역동성을 갖게 된다. 그렇다고 해서 늘 완벽하게 살 수 있는 사람은 없다. 왜냐하면 우리에겐 언제고 복음의 길을 벗어나려는 죄의 속성이 있기 때문이다.

성경은 하나님의 백성을 양떼에 비유한다. 양들이 길을 잃었다가 다시 목자에게 돌아오는 일을 반복하기 때문이다. 우리의 신앙생활에서도 이러한 길 잃음과 되찾음의 상황이 무수히 반복된다. 이것을 '신앙생활의 요요현상'이라고 부를 수 있다.

요요는 손가락을 벗어나게 했다가 다시 당기는 것을 반복하는 장난감이다. 신앙생활도 요요처럼 주님의 손을 벗어났다가 다시 당겨짐을 반복한다. 차이가 있다면 성숙한 크리스천들은 이러한 벗어남의 빈도가 덜할 뿐 아니라 벗어났더라도 빨리 돌아온다는 점이다. 그래서 벗어남이 덜하고 빨리 돌아오는 삶일수록 평강과 기쁨의 은혜를 더 많이 누리는 풍성한 삶이 되는 것이다. 그러므로 복음을 벗어났다고 느끼는 순간 바로 돌아갈 줄 알아야 한다. 복음을 적용해야 할 시점을 빨리 깨닫는 사람이 성숙한 사람이다.

**정리
하기**

1. 개인적으로나 교회적으로 일어나는 문제의 뿌리는 모두 복음의 능력과 은혜를 제대로 이해하지 못하는 데서 비롯된다.

2. 하나님이 우리와 맺기 원하시는 관계는 은혜를 바탕으로 한 사랑의 관계이지 인간의 노력을 바탕으로 한 거래관계가 아니다.

3. 올바른 신앙생활을 위해서는 하나님이 누구신지 그리고 내가 어떤 존재인지 깨달아야 한다.

4. 길 잃음과 되찾음은 신앙생활 가운데 무수히 반복된다. 따라서 낙심하지 말고 벗어났다고 느끼는 순간 바로 돌아갈 줄 아는 성숙한 크리스천이 되어야 한다.

**생각
하기**

1. 나는 왜 교회 출석과 봉사에 열심을 내는가?

2. 내가 알고 있는 하나님은 어떤 분인가? 그리고 나는 하나님께 어떤 존재인가?

3. 나는 하나님께 주로 어떤 기도를 드리는가?

4. 나의 주된 관심사와 하나님의 주된 관심사는 어떻게 다른가?

# 11.

## 이제는 잃었던 길을 찾을 때

우리 주 예수 그리스도로 말미암아 우리에게 승리를 주시는 하나님께 감사하노니 그러므로 내 사랑하는 형제들아 견실하며 흔들리지 말고 항상 주의 일에 더욱 힘쓰는 자들이 되라. 이는 너희 수고가 주 안에서 헛되지 않은 줄 앎이라.

(고전 15:57-58)

크리스천은 자신이 원하든 원하지 않든 모두 영적 전쟁 상태에 놓여 있다(엡 6장). 오늘날 교회가 처한 영적 현실도 만만치 않다. 크리스천의 지속적인 감소, 반기독교적 사회 분위기, 점점 더 등을 돌리는 젊은 층, 무엇보다 이러한 상태의 반전을 가져올 뚜렷한 희망이 보이지 않는 암담한 현실 속에서 영적 전투의 심각성이 느껴진다. 더불어 교회 내부적으로도 아주 왕성한 이단들의 활동, 리더십의 세속화, 율법주의와 인본주의의 깊숙한 침투 등 안팎으로 심각한 상황에 놓여 있다.

교회의 어려운 현실을 놓고 우리가 무엇을 더 열심히 또는 새롭게 할 것인가에 초점을 맞춘다면 별로 희망이 없어 보인다. 열심을 내기보다 더 깊은 곳에 문제가 놓여 있다는 사실을 알아야 한다. 좀 더 열심히 전도하고 좀 더 열심히 특별새벽기도하고 좀 더 열심히 프로그램을 만들어 운영하는 것으로 영적 전투에서 승리를 꾀한다면, 승리의 희망과는 점점 거리가 멀어질 것이다. 우리가 잃어버린 것은 열심이나 탁월한 능력이 아니라 예수 그리스도이기 때문이다.

예수 그리스도를 찾으려는 노력은 하지 않고 인간적인 열심과 노력에 초점을 맞추는 것은 기름이 없어 움직이지 못하는 자동차를 닦고 광내고 청소하는 것과 마찬가지다. 차가 움직이기 위해 필요한 것은 연료 공급이지 세차가 아니다. 지금 우리에게 필요한 것은 예수 그리스도의 복음을 통해 하나님의 은혜를 바로 깨닫고 그 은혜에 의한 삶을 살아가는 길을 되찾는 것이다. 이것이 가능한 신앙생활을 이루기 위해서는 세 가지 시급한 일을 해야 한다.

알고 믿어야 한다

어떤 분야의 전문가라면 자신의 분야나 전공에 대해 아주 자세하게 그리고 확신을 가지고 설명할 줄 알아야 한다. 예를 들어 피아노 전문가라면 피아노를 연주하는 법은 물론 피아노의 역사와 구조와 기능까지 설명할 줄 안다. 골프 선수는 골프장의 홀 수와 경기 규칙, 골프를 잘하기 위한 연습 방법을 알고 다른 사람에게 설명할 수 있는 능력도 가지고 있다.

그런데 오늘날 크리스천들에게는 한 가지 아이러니한 점이 있다. 자신이 믿는 믿음에 대해 설명할 줄 아는 사람이 많지 않다는 것이다. 크리스천이라면 하나님과 그분의 말씀에 전공자가 되어야 함에도 실상 자신이 믿는 믿음에 대해서조차 제대로 설명할 줄 모른다. 자기 스스로에게도 설명할 수 없는 진리를 어떻게 남에게 전할 수 있겠는가? 신앙생활은 열정만으로 되는 것이 아니다. 이 세상에 지식 없는 열정만 가지고 가능한 일은 없다. 열정은 지식을 만날 때 빛나지만 지식 없는 열정은 위험하기 짝이 없다.

하나님을 향한 열정이 누구에게도 뒤지지 않았던 회심 전의 사도 바울은 진리에 대한 올바른 지식이 없어 교회를 비방하고 믿는 자들을 핍박했다. 그러므로 우리는 먼저 예수님의 삶과 죽으심과 부활하심으로 이루어진 복음의 진리를 제대로 알아야 한다. 복음을 설명할 줄 알아야 하며 더 나아가 참된 복음인지 아닌지를 구별할 줄도 알아야 한다. 위조지폐를 구별하기 위해서는 먼저 진짜를 정말로 잘 알아야 하듯이, 복음이 무엇으로 이루어져 있으며 또 그 은혜의 깊이와 능력은 무엇인지 알아야 한다.

## 복음을 적용하며 살아야 한다

복음은 단지 장차 천국에 들어가기 위한 입장권이 아니다. 복음은 현재 나의 삶을 하나님이 원하시는 삶으로 변화시키는 은혜의 수단이며 힘이다. 우리는 지금까지 복음이 우리 삶에 어떻게 그리고 왜 적용되어야 하는지 살펴보았다. 그러나 지속적으로 복음을 깨닫고 적용하는 삶을 살기 위해서는 공동체를 만들어 서로 도와주고 격려하며 복음을 연습해야 한다.

## 복음의 사람들이 모인 교회를 만들어야 한다

교회의 가장 중요한 존재 이유는 복음을 가르치고 연습하며 지키는데 있다. 미국의 신학자 웨인 그루뎀(Wayne Grudem)은 교회를 이렇게 정의한다. "지속적으로 또 주기적으로 복음을 전하고 적용하지 않는 공동체는 교회가 아니다."[+] 교회는 복음에 의해 탄생되고, 복음에 의해 유지되고, 복음의 사람들을 위해 존재할 때 그 의미를 지닌다는 매우 심각한 도전이다. 즉 복음적이지 않은 교회들은 선택되지 말아야 하고 또 도태되어야 하는 반면에 복음적인 교회들은 계속해서 세워져 나가야 한다는 것을 의미하는 말이다.

복음을 통해 많은 교회와 교인들이 잃었던 길에서 돌아오고 올바른 길을 되찾을 때 한국 교회는 다시 일어나 하나님의 영광을 드러내는 역사를 맛보게 될 것이다. 진정한 변화가 없이는 미래의 희망을 기대할 수 없다. 그래서 이 일은 그 어떤 일보다 중요하고 시급하다. 하나님은 지금도 세상의 타락과 교회의 부패에 무릎 꿇지 않고 하나님을 바라고 갈망하는 영혼들을 도처에 남겨 놓으셨다. 그러므로 엘리야에게 하신 여호와 하나님의 말씀을 우리는 기억해야 한다.

**그러나 내가 이스라엘 가운데에 칠천 명을 남기리니 다 바알에게 무릎을 꿇지 아니하고 다 바알에게 입맞추지 아니한 자니라.** (왕상 19:18)

지금도 이 땅에는 하나님을 갈망하며 시대를 아파하는 영혼들이 있다. 하나님은 이들을 통해 자신을 나타내기 원하신다. 복음의 은혜

---

[+] Wayne Grudem, *Systematic Theology*, p. 865, Chapter 44. The Nature and Purpose of the Church

에 가슴이 뜨거워지고 그 복음의 능력이 나타나기를 갈망하는 영혼을 하나님은 지금도 찾고 계신다. 하나님을 향한 우리의 가장 중요한 걸음은 그분을 향한 복음의 길을 발견하고 습득하고 전하는 것이다. 우리 모두 복음의 옳은 길을 걷는 자들이 되어서 하나님의 진정한 교회를 이 땅에 세우는 데 쓰임받기를 기도한다.

## 정리 하기

1. 오늘날 많은 교회가 길을 잃고 있는 이유는 예수 그리스도를 잃었기 때문이다.

2. 신앙생활의 올바른 길을 가기 위해서는 예수 그리스도와 그분의 복음에 전공자 가 되어야 한다.

3. 현 시대는 복음을 바로 알고 가르치고 적용하며 사는 공동체가 절실히 필요하다.

## 생각 하기

1. 진정한 신앙생활과 교회 공동체의 핵심은 무엇인가?

2. 복음의 진리가 중심이 되는 신앙생활과 공동체가 되려면 어떤 노력이 가장 우선 되어야 하는가?

3. 결론적으로 신앙생활의 길 잃음과 길 찾음은 무엇인가?

# 복음을 적용하며 길을 찾아가는 사람들

이 책을 통해 소개한 다양한 예화는 대부분 필자가 목회 현장에서 직
간접적으로 겪고 들은 이야기와 상황이다. 놀랍게도 이야기에 등장
한 사람들 중에는 실제로 복음을 다시 발견하고 복음의 은혜와 능력
을 삶에 적용하면서 변화를 맛본 이들이 있다. 이전의 막연한 신앙생
활에서 헤매다가 이제 하나님을 따라가는 것이 무엇인지에 대한 뚜
렷한 영적 개념과 방향성을 찾아 나가는 이들도 있다. 좀 빠르게 혹
은 좀 더디게 나아가더라도, 분명한 사실은 이들의 삶 가운데 복음을
통한 실제적인 변화들이 조금씩 나타나고 있다는 것이다. 복음을 통
해 율법주의의 삶을 벗어나는 영혼들, 우상들의 사슬로부터 풀려나
는 영혼들, 더욱 감사하게도 복음의 은혜와 능력을 알아 가는 가운데
하나님의 사랑과 거룩하심을 닮아 가는 영혼들을 바라본다는 것은

살아 계신 하나님의 확실한 기적과 증거임이 분명하다. 한 자매는 이렇게 말했다.

예전에는 사람들을 통해 특히나 남자친구를 통해 나의 궁극적인 갈망을 채우려고 했던 것 같습니다. 그래서 나를 완전히 이해할 수 있고 생각이나 감정을 나와 전적으로 공유할 수 있는 상대를 찾았습니다. 하나님 안에서 찾아야 할 것들을 남자친구를 통해 얻으려 했기 때문에, 그런 상태에서 만난 남자들과의 관계는 시간이 흐를수록 점점 꼬여만 가고 결국에는 서로가 부담스러워 헤어질 수밖에 없었습니다.

그런데 이제 깨달았습니다. 제가 추구하던 깊은 갈망은 주변의 사람들이나 이 세상에 속한 것들이 채워 줄 수 없다는 사실을 말입니다. 더불어 하나님은 저의 궁극적인 갈망을 진정으로 그리고 영원히 채워 주실 수 있을 뿐 아니라 그렇게 하기를 너무나 원하신다는 사실도 알게 되었습니다.

복음을 통해 하나님을 알아 갈수록 하나님과 많은 것을 특별히 저의 깊은 갈망을 나눌 수 있었고, 또 하나님께 더없이 받아들여지는 제 자신을 발견하게 되었습니다. 물론 제 영혼에도 많은 변화가 생겼습니다. 예전에는 몰라서 누리지 못하던 그리스도 안에서의 평안과 만족이 무엇인지 알게 되었습니다. 그리고 사람들을 향해 다가가는 저의 모습에도 많은 변화가 일어났습니다.

이제는 누구를 만나더라도 상대를 훨씬 덜 부담스럽게 하고 또 진정으로 위해 줄 수 있는 마음이 조금씩 생기기 시작했습니다. 저에게 일어난 아주 놀랍고 색다른 변화입니다. 제가 가지고 있는 영혼의 깊은 갈망을 하나님을 통해 충족받는 법을 조금씩 알아 가고 연습해 나가다 보니, 이 제 사람에게 받아들여지고 인정받으려는 속박으로부터 훨씬 자유로워진 느낌입니다.

이 자매의 고백이 바로 당신의 이야기일 수 있다. 상황과 내용은 다르더라도 때로는 극적으로 또 때로는 잔잔하게 우리의 삶을 변화 시키는 은혜와 능력이 복음에 들어 있다. 복음은 우리를 하나님께로 인도하는 유일한 진리의 길이다. 복음을 통해 잃었던 길을 되찾아가 는 사람들 그리고 구체적이고 실제적인 삶의 변화를 체험하는 사람 들은 진정으로 하나님을 사랑할 줄 알게 되고 하나님의 영광을 구하 는 삶을 참으로 원하게 된다. 하나님은 자신의 사랑하는 자녀들이 은 혜를 진심으로 깨닫고 만족할 때 가장 기뻐하시고 영광을 받으신다. 이 삶이 당신의 삶이 되기를 진심으로 바란다.

# 복음에게 길을 묻다

**초판 1쇄 발행** 2024년 7월 25일

**지은이**   유재혁
**편집**   서재은
**디자인**   류은혜

**펴낸곳**   카비넌트북스
**펴낸이**   유재혁
**출판등록**   2024년 1월 3일 제2024-000001호
**주소**   서울특별시 송파구 삼전로 102 삼전빌딩 3층(삼전동)
**전화**   02-417-3232
**전자우편**   seoulcovenantbooks@gmail.com
**홈페이지**   www.covenantbooks.co.kr

ISBN   979-11-986200-3-3 (03230)